Sage endlich was Du willst,
damit Du das bekommst, was Du willst

AF514647

Mein aufrichtiger Dank gilt

Gisela Nehrbaß
Ohne ihre Beteiligung und Motivation,
wäre dieses Buch nicht entstanden

Nicole Wendschuh
Für die Satz- und Covergestaltung

Ernst Crameri

Sage endlich was Du willst, damit Du das bekommst, was Du willst

Du kannst Deinem Leiden ein Ende setzen

Komme sofort ins Handeln

Bibliografische Information der Deutschen Nationalbibliothek
Die Deutsche Nationalbibliothek verzeichnet diese Publikation
in der Deutschen Nationalbibliografie; detaillierte bibliografische Daten sind im
Internet über http://dnb.d-nb.de abrufbar

© 2017 Ernst Crameri
Crameri-Naturkosmetik GmbH Beauty&Wellness
1. Auflage
ISBN: 978-3-86689-014-5

Inhaltsverzeichnis

Das Buch ist gewidmet ... 9
Vorwort ... 10
Sie haben ein Arbeitsbuch gekauft ... 12
Wie oft haben Sie gelitten ... 14
Wieso leiden Sie so gerne ... 16
Was könnten die anderen Menschen denken ... 18
Das hört sich gut an ... 20
Seien Sie der Designer Ihres Lebens ... 22
Üben Sie vor dem Spiegel ... 24
Welche Körperhaltung legen Sie an den Tag ... 26
Studieren Sie sich ... 29
Sie wurden als Gewinner geboren ... 31
Ich würde ja schon gerne, aber ... 34
Handeln Sie ergebnisorientiert ... 36
Was bringt mir etwas ... 38
Was wollen Sie wirklich ... 39
Die furchtbaren Glaubenssätze ... 43
Was wollen Sie nie mehr ... 46
Jetzt müssen Sie üben ... 50
Schaffe ich das alles alleine ... 53
Wer kann Ihnen dabei helfen ... 55
Hilfe durch einen Erfolgscoach ... 58
Ich bin skeptisch ... 61
Wenn es endlich soweit wäre ... 64
Mir fehlt häufig die Geduld ... 66
Führen Sie ein Erfolgstagebuch ... 68
Permanente Wiederholung schafft Wirklichkeit ... 71

Es funktioniert nicht 75
Lassen Sie es Wirklichkeit werden 79
Welche Wirklichkeit hätten Sie gerne 81
Positionierung und Image 84
Ihr Image aus der Positionierung 88
Verändern Sie ab sofort Ihr Image 90
Tragen Sie Verantwortung 92
Die alten Verhaltensmuster dank Erziehung 94
Just do it 98
KvP auch für Sie ein Muss 101
Der Mensch fürchtet Liebesentzug 105
Seien Sie endlich Ihr eigener Lebensmeister 107
Es ist ja nur Ihr Leben 111
Was haben Sie für sich gelernt 113
Wie lange dauert dieser Prozess 118
Eisernes Durchhaltevermögen 122
Erfolg und Vermögen kommen nicht von alleine 124
Wie laufen Ihre ersten Schritte ab 126
Abschlusswort 131
Meine und unsere Dienstleistungen 133
Ein Auszug aus unseren Werken 143
Vita von Ernst Crameri 147

Das Buch ist gewidmet

All den Menschen, die sich mit der Kommunikation schwer tun. Anstatt die Wünsche auszusprechen, klar, deutlich und unmissverständlich zu formulieren, wird mit dem Endresultat des Frustes hin und her jongliert, der Unzufriedenheit und vieles mehr. Das darf aber nicht sein, sorgt für unnötigen Frust.

Dies gilt es auf jeden Fall, zu vermeiden. Es ist das Schlimmste, was man machen kann. Hiervon gilt es endlich wegzukommen, und in der völligen Freiheit zu leben. Das ist ein unbeschreibliches Glücksgefühl, sorgt dadurch für viel Lebensfreude und Energie pur.

Die eigene Lebensqualität steigt um ein Vielfaches und damit die persönliche Freiheit, sein Leben endlich so zu gestalten, wie man es sich erträumt hat. Anfangen ist das große Thema und zwar sofort. Nicht warten, auf dass sich die Dinge von alleine ändern, sondern ins Handeln kommen. Das Ganze im „Hier und Jetzt." Die ersten Erfolgserlebnisse sind Ihnen gewiss.

Mutig, sogar sehr mutig durch die Welt zu schreiten und sich einen Erfolg nach dem anderen abzuholen. Nicht warten, sondern klar und gezielt dem Erfolg entgegen zu laufen, das muss ab heute Ihre Devise sein. Das schafft innere Zufriedenheit, gibt Power und Kraft.

Vorwort

Liebe Leser,

klasse, dass Sie dieses Buch gekauft haben, sich auf den Weg machen. Das ist sehr löblich und schafft für Sie ein komplett anderes Leben. Es hilft Ihnen in eine neue Dimension hinein zu gelangen und macht Sie zudem unabhängig, von dem Willen oder Unwillen der anderen Menschen. Das ist ein absolutes Muss für Sie und Ihr Leben.

Das Warten gehört ab sofort der Vergangenheit an. Was zählt, ist in großen Schritten das Handeln. Einen Schritt nach dem anderen, in einem schnellen und sicheren Tempo. Das Lösen der Aufgaben, die auf Sie warten und nie wieder das Fliehen oder Augen verschließen.

Freuen Sie sich auf ein total neues Leben. Auf eine andere Dimension Ihres Daseins. Sie alleine bestimmen in der Gesamtheit Ihr komplettes Leben. Wer das erkannt hat, dem geht es besser und der ist wesentlich leistungsfähiger. Es ist wie ein Dynamo, welcher sich permanent auflädt. Sie gelangen dadurch in den Flow, das ist die Leichtigkeit des Seins.

Die berühmte nimmer versiegende Quelle muss nicht länger ein Traum bleiben. Es ist so nahe, in Ihnen drin verankert. Sie müssen es definitiv nur zulassen. Den ersten Schritt haben Sie bereits durch den Buchkauf getan. Jetzt geht es an die konsequente und kontinuierliche Umsetzung des Ganzen.

Hier gilt, die Zeit war noch nie so gut wie gerade jetzt, darum handeln Sie sofort. Im Buch gibt es einige Passagen, bei denen Sie gefordert werden. Das heißt, da vollends einzusteigen und eine Aufgabe nach der anderen präzise zu lösen. Sie werden sehen, nach ein paar Aufgaben fällt Ihnen das leichter, sie gewöhnen sich ziemlich schnell daran und es wird zur absoluten Selbstverständlichkeit.

Je mehr Sie lösen, desto stärker lernen Sie sich kennen. Desto freier werden Sie und schaffen damit eine völlig andere Ausgangsbasis. Sie erschaffen sich Tag für Tag eine neue Plattform, von der aus Sie agieren können. Das ewige Reagieren lassen Sie bitte in der Vergangenheit, der Zeit, die längstens vorbei ist.

Für Sie zählt ab sofort nur noch das, was im „Hier und Jetzt" geschieht und was in Zukunft ist. Alles andere ist uninteressant, hat Sie nicht zu berühren und zu beschäftigen.

In diesem Sinne alles alles Liebe und Gute für Sie.

Herzlichst

Ihr Ernst Crameri

Sie haben ein Arbeitsbuch gekauft

Nochmals zur Wiederholung, Sie halten nicht ein Lesebuch in der Hand, sondern ein richtiges Arbeitsbuch. Im Wort Arbeitsbuch ist klar das Wort „Arbeiten" enthalten. Das heißt, machen und tun ohne Ende. Denn immer dann, wenn Sie glauben, fertig zu sein, sind Sie in der Tat fertig und das ist schade, wenn Sie sich dem hingeben.

In die Tiefe gehen

Das Buch dient dazu, in Ihrem Leben Grundlegendes zu ändern. Mit einer rein kosmetischen Geschichte wollen wir uns dabei nicht abgeben. So heißt das hundertprozentig, zu sich zu stehen. Endlich mit sich selbst zu beschäftigen. Das schafft Ihnen die nötige Freiheit und nur in dieser gelangen Sie zu neuen Ufern.

Verschieben Sie nichts auf irgendwann

Verschieberitis ist die schlimmste Krankheit, die man sich antun kann. Diese schafft nur Chaos und dafür haben wir keine Zeit mehr oder? Ihr Ziel ist es doch zügig eins nach dem anderen, mit Elan zur Vollendung zu bringen. Zumal das eigene Leben nicht ewig währt. Es rast, und wenn Sie das nicht glauben, blicken Sie zurück. Wo waren die letzten Tage, weg. Wo waren die letzten Monate oder sogar Jahre? Einfach weg und genau so geht es in Zukunft weiter. Die Zeit rast und wir können es nur in Griff bekommen, wenn wir sorgsam mit ihr umgehen.

Teilen Sie die Buchseite in zwei Hälften

Nicht nur die Fragen beantworten, sondern die Buchseite in zwei Hälften teilen. Immer wenn Sie eine halbe Seite gelesen haben, halten Sie kurz inne und schreiben sich den für Sie wichtigen Merksatz auf. So verfahren Sie mit jeder Seite. Am Ende eines Kapitels schreiben Sie die für Sie fünf wichtigsten Merksätze auf. Das

Gleiche wiederholen Sie am Ende des Buches. Dadurch geben Sie Ihrem Geist die Möglichkeit, sich ausschließlich mit den Big Points zu beschäftigen. Das schafft ein sehr hohes Momentum.

Schreiben Sie die Points auf Karteikärtchen

Diese tragen Sie konsequent bei sich und wiederholen die Points mehrmals am Tag. Denken Sie dabei an das alte Naturgesetz, dass einmal in der Tat keinmal ist, so simpel ist das Spiel. Also nicht hoffen, dass man die Punkte alle behält, sondern aktiv daran arbeiten muss.

„Permanente Wiederholung schafft Wirklichkeit!"

Das ist wichtig, dass Sie sich diesen Merksatz tief einprägen. Folglich raus aus der Hoffnung, dass es irgendwie gehen wird und sofort ins aktive Handeln übertreten.

Schreiben Sie Plakate

Das ist der nächste Punkt. Schreiben Sie Ihre Merksätze auf Plakate und diese hängen Sie überall hin. Je öfters Sie die Merksätze lesen, auch laut vorlesen, desto besser geht es Ihnen. Eines Tages wird es zur absoluten Selbstverständlichkeit, zu einem Teil von Ihrem Leben.

Wie oft haben Sie gelitten

Ganz offen und ehrlich, wie oft haben Sie in Ihrem Leben gelitten? Ein paar Mal bestimmt schon. Ist das schlimm? Kommt darauf an, wenn es immer wegen dem Gleichen war, ist es bescheuert. Das sollten Sie sich wirklich schenken.

Viele leiden in Serie

Ja, wie verrückt muss man sein, um das einzugehen? Das gibt doch keinen Sinn, immer wieder das Gleiche zu fabrizieren, dies macht kein vernünftiger Mensch. Einmal gelitten, das reicht für alle ewigen Zeiten. Dann reißt man das Ruder herum und geht mit Bedacht ans Werk. Wiederholungen des gleichen Elends benötigt man tatsächlich nicht, das ist etwas für Selbstquäler.

Ihre Entscheidung, maximal nur einmal zu leiden

Diese Entscheidung können Sie treffen. Wie immer haben Sie die Wahl, das finde ich spannend und toll an unserem Leben. Wir können dem Spuk jederzeit ein Ende setzen, wenn wir das wollen. Können jedoch genauso gut weiterhin die alte Nummer fahren und still vor uns hinleiden. Ich für meinen Teil habe mich dazu entschieden, dies nicht mehr zu tun.

Wieso sollte ich weiter leiden

Diese Frage ist natürlich berechtigt. Leiden für was? Gibt es dafür eine Ehrenmedaille? Ich kann es mir nicht vorstellen und habe es noch nie gehört. Also was soll das Spiel? Wo soll das hinführen? Ich quäle mich nie wieder. Ein ganz klares „Nein“ dazu und dies für alle ewigen Zeiten.

Ich bin unsicher, höre ich häufig

„Ich weiß nicht genau!“ Da wird es natürlich konkreter, wenn man es selbst nicht genau weiß. Wer soll es dann wissen? Die Eltern, der Partner, der Staat, die Kirche? Es gibt Tausende von Möglichkeiten, ob diese Menschen oder Institution es wissen, das bezweifle ich und dies zurecht. Der Einzige, der es wissen kann, sind Sie alleine.

Was wollen Sie wirklich

Das ist die wichtigste Frage und mit dieser werden wir uns intensiv beschäftigen. Was will ich, was will ich wirklich? Es geht ausschließlich um Sie und Ihr Leben. Da sollten Sie sich die Zeit nehmen, und darüber reflektieren. Der Mensch nimmt sich für so vieles Zeit, jedoch leider nicht für sein Leben, um es selbst bestimmt zu leben.

Wieso leiden Sie so gerne

Haben Sie sich diese Frage schon gestellt? Darauf erhalte ich meist zur Antwort „Ja wie, ich leide doch nicht!“ Um mir dann eine Sekunde später zu erzählen, dass das Leben nicht so lustig und erbauend ist. Man sich einiges anders vorgestellt hat. Gegenfrage meinerseits „Ja, wieso ändern Sie nichts?“ „Tja, wenn das so leicht wäre, würde es doch jeder tun!“

Wenn es leicht wäre

Was ist das für eine Aussage, dass es dann jeder tun würde. Erstens interessiert es uns in diesem Falle wirklich nicht, ob und was die anderen Menschen tun oder nicht. Das tut hier nichts zur Sache. Wir alleine sind das Maß der Dinge und daran sollten wir uns halten.

Ich habe Angst

Das ist das nächste Thema, Angst verunsichert, das ist normal. Wir wurden ja nicht gerade zur großen Selbstständigkeit erzogen. Alle Institutionen haben sich stets gerne gehütet, uns zu schlau zu machen. Dadurch wäre eine Ungemütlichkeit an den Tag getreten. Genau das wollte man und es wird immer noch praktiziert. Menschen klein halten, als eines der probatesten Mittel.

Sie brauchen sich nicht zu fürchten

Wovor auch? Es geht doch auf direktem Wege in die neue Freiheit und diese sollte es wert sein, den alten Pfad des nur nicht Auffallens, endgültig hinter sich zu lassen. Sie leben dadurch freier und glücklicher.

Es geht nichts über ein selbst bestimmtes Leben

Das ist das Größte, was man überhaupt erreichen kann. Unabhängig der Meinungen, Dogmen und sonstigen Störungen anderer Menschen. Diese tun wirklich nichts zur Sache. Es geht ausschließlich um Sie alleine und da haben wir genug zu tun.

Sehen Sie noch einen Grund zu leiden

Also ich sehe keinen Einzigen mehr und deswegen können wir es uns ab sofort schenken. Sie sind wirklich nicht verpflichtet zu leiden. Dürfen sich von dieser alten Nummer gerne verabschieden und sich auf ein freies und glückliches Leben konzentrieren. Das ist doch mehr als erstrebenswert.

Was könnten die anderen Menschen denken

Kennen Sie diese Aussage? Gehören Sie auch zu denen, die solche Geschichten erzählen? Die Angst, was andere denken könnten? Auch das ist in der Regel eines der Erziehungsmuster, die uns mitgegeben wurden. Nur nicht auffallen, lieber sich klein und geduckt halten.

Gedanken sind zum guten Glück frei

Deswegen brauchen Sie sich in keinster Art und Weise, um das Denken der anderen Menschen zu kümmern. Gedanken und damit auch das Denken, waren und werden frei bleiben. Sie können und werden niemals hinter die Kulissen des Einzelnen schauen, das ist auch nicht notwendig.

Die anderen beschäftigen sich weniger mit Ihnen, als Sie denken

Es ist nachgewiesen, dass der Mensch so stark mit sich selbst beschäftigt ist, als sich groß um andere Gedanken zu machen. So permanent im Dialog zu stehen, ist eine zeitfüllende Beschäftigung und lässt kaum Spielraum, sich über andere Gedanken zu machen. Also schenken Sie sich diese Form des Nachdenkens und womöglich noch des Grübelns.

Denken Sie nur an sich, da haben Sie genug zu tun

Sagen Sie sich das jeden Tag aufs Neue. Sie hatten das schon einmal gut im Griff. Das war, als Sie klein waren. Als kleines Kind war eines Ihrer wichtigsten Wörter „Ich, ich, ich, ich.....!“ Bis dann die klugen Erwachsenen und hier in der Regel die Eltern angefangen haben, mit ihrer Erziehungsmethode von wegen „Hey, nicht immer nur du, gewöhne dir das gefälligst ab!“ Tausend Mal gehört, wurde es bald zum Programm. Das heißt, Sie fingen an diesen Mist zu glauben und begruben das wunderbare „Ich“ der eigenen Persönlichkeit. Das nennt man buchstäblich die Vernichtung seiner selbst.

Graben Sie es sofort wieder aus

Jetzt sind Sie erwachsen, davon gehe ich aus. Damit sind Sie in einem völlig anderen Lebensabschnitt und müssen wirklich diesen Käse nicht mehr glauben. Sie sind das Wichtigste, denn wenn es Ihnen gut geht, geht es auch den anderen in Ihrem Umfeld gut. Also ab auf das Podest, nur Sie alleine können sich dort hinbringen, keiner kann das für Sie tun. Genauso wenig Sie runterstoßen, wenn Sie es nicht zulassen.

Das hört sich gut an

Das höre ich häufig, dass es sich gut anhört. Nur das alleine nützt nichts. Ohne die Umsetzung bleibt alles beim Alten. Vom sich gut anhören sofort in die Tat, ist die Devise und das schafft Ihnen mehr Lebensfreude und letztlich -qualität. Dadurch gelangen Sie auch zu Ihrem gewünschten Erfolg.

Sie sind für sich verantwortlich

Darüber sollten Sie sich im Klaren sein. Sie sind der Einzige, der darauf eine Antwort weiß und auch imstande ist, die Dinge zur vollsten Zufriedenheit umzusetzen. Niemand kann das und Sie sollten niemals darauf warten, dass das jemand für Sie übernimmt. Dies wird er bestimmt nicht tun, außer Sie versuchen ihn klein zu halten und davon haben wir uns ja bereits verabschiedet.

Alles, was sich gut anhört und anfühlt, ist es wert zu tun

Folgende Aussage sollten Sie sich tief in Ihrem Inneren einprägen und niemals aus den Augen verlieren

„Das Bessere ist stets der Feind des Guten!"

Folglich streben Sie stets nach dem nächst Höheren. Geben Sie sich niemals mit dem heutigen Zustand zufrieden. Auch wenn das einige Menschen behaupten, dass man es tun müsste. Das sind niemals die großen und erfolgreichen Persönlichkeiten, die Ihnen diesen Rat geben.

Starten Sie heute noch durch

Diese Aussage finde ich klasse. Heute noch durchzustarten und nicht erst morgen, vielleicht sogar übermorgen oder später. Das wäre verrückt, derart vorzugehen. Sie würden dadurch unnötig Zeit und letztlich Geld zerstören. Das macht man niemals im Vollbesitz seines Geistes. Wer wartet, hat bereits verloren. Also gehören wir lieber zu den Handelnden, welche sofort aktiv werden und damit zu den Gewinnern auf dieser Welt. Was für ein traumhaftes Gefühl.

Ihr gutes Gefühl für immer

Wenn Sie die Wahl der Gefühle haben, sollten Sie die richtigen wählen und sich niemals mit der zweiten Garde zufrieden geben. Das ist verrückt, so durchs Leben zu gehen. Sie haben Ihr Leben nur ein einziges Mal und die Zeit läuft. Also machen Sie stets eine Meisterleistung daraus. Wenn nicht jetzt, wann dann bitte? Die Zeit war noch nie so gut, wie gerade im Moment.

Seien Sie der Designer Ihres Lebens

Das ist ein dringlicher Aspekt, dass Sie Ihr eigenes Leben so designnen, dass es Ihnen gut geht. Sie jederzeit hundertprozentig sagen können „Wow, es ist genau das Leben, welches ich mir vorgestellt habe. Ich bin rundherum zufrieden." Das als Ihr Ziel, für ein komplett anderes Leben, etwas Schöneres gibt es nicht. Die Zufriedenheit und das Glücklichsein, welches dadurch entsteht, ist unbezahlbar.

Sie designen und niemand anderes

Das ist wichtig, dass Sie Ihr Leben fest in Ihren Händen halten, niemand anderes an Ihnen herumbasteln kann. Dies lassen Sie schlicht und einfach niemals wieder zu, ist außerhalb, respektive unterhalb Ihrer Wahrnehmungsschwelle. So gewappnet erreichen Sie das, was für Sie wichtig ist.

„Sie sind der Designer Ihres Lebens"

Wenn Sie das beherzigen und das schaffen Sie auch, haben Sie auf der ganzen Linie gewonnen. Dann können Sie unendlich stolz auf sich sein. Ist das nicht super?

Sie wissen genau, was Sie wollen

Das gibt Ihnen Kraft und einen enormen Vorsprung, der durch nichts einzuholen ist. Traumhaft, wenn Sie sich in diesem Bereich bewegen. Völlig unabhängig designen Sie Ihr Leben nach Ihrem Gusto. Es ist für Sie eine riesen Freude, sich langsam wachsen zu sehen. Keiner hat das Recht der Mitgestaltung und Beeinflussung, Sie alleine sind dafür zuständig.

Werden Sie zum größten Designer Ihres Lebens

Lauter schöne Dinge in Ihrem Leben zu designen, ist einzigartig. Das macht viel Freude, verschafft eine total andere Lebensqualität und sorgt für eine zügige Veränderung. Sie kommen dadurch in eine andere Dimension hinein. Alles geht Ihnen leichter von der Hand. Sie sind im Flow, in der Leichtigkeit des Seins. Folglich packen Sie es an, dadurch sind die Weichen für einen neuen, wunderbaren Lebensabschnitt gestellt. Für ein glückliches und zufriedenes Leben.

Üben Sie vor dem Spiegel

Das ist eine wunderbare Chance, in die Thematik reinzuwachsen. Wenn Sie das sonst in aller Stille ausüben, wird es niemals glaubwürdig rüber kommen. Nur wenn Sie es wirklich täglich und mit lauter Stimme, passender Körperhaltung dazu angehen, haben Sie die reelle Chance, dass es dann, wenn es soweit ist, passt.

Wer nicht übt, hat keine Chance

Das war so und wird so bleiben. Gerne hätten es natürlich fast alle, dass es von selbst läuft, ein kurzer Gedanke und es passt. Das ist die größte Selbstlüge, derer man sich hingeben kann. Dass sollten Sie sich definitiv niemals antun. Sich zu belügen ist doch verrückt, das überlassen Sie lieber anderen Menschen.

Integrieren Sie es in Ihr tägliches Leben

So wie Sie sonst etliches in Ihrem Leben täglich bewerkstelligen, machen Sie es auch mit dieser neuen Gewohnheit, dass Sie sich buchstäblich unwohl fühlen, sollten Sie es nicht tun. Wenn es soweit ist, haben Sie gewonnen. Bis es jedoch zur Gewohnheit wird, dauert es seine Zeit.

Sie werden sich am Anfang komisch vorkommen

Das ist normal, denn es ist für Sie gänzlich ungewohnt, was Sie gerade tun. Belächeln Sie es nicht, fangen Sie bitte gleich an, legen Sie das Buch zur Seite und los geht es. Eine der besten und leichtesten Übung mit der Sie starten können, ist das kleine Wörtchen

„Nein!“

Denn es ist exakt dieses Wort, welches Ihnen unendliche Freiheit schenkt, wenn Sie es einsetzen und sich dadurch von der alten Nummer des ewigen „Machen“ und „Tuns“ verabschieden.

Stehen Sie vor dem Spiegel und Brust raus

Die Körperhaltung ist von großer Bedeutung. Wenn Sie gebückt oder ängstlich da stehen, haben Sie definitiv keine Chance, dass sich etwas bewegt und verändert. So wie innen so außen, oder umgekehrt, testen Sie es sofort. Buch hinlegen, dann stehen Sie auf und lassen Ihre Schultern weit nach unten hängen. Fühlen Sie in sich rein, was spüren Sie? Dann stellen Sie sich aufrecht hin, Brust raus und den Kopf hoch erhoben. Wie ist es nun für Sie? Merken Sie den gravierenden Unterschied? Mit Sicherheit, die Haltung ist die halbe Miete.

Welche Körperhaltung legen Sie an den Tag

Beobachten Sie sich die nächsten Tage in den verschiedensten Situationen. Welche Körperhaltung legen Sie jeweils an den Tag? Das ist sehr spannend, dies zu betrachten. So wie Sie sich innen fühlen, bewegen Sie sich im Äußeren. Ein direkter Zusammenhang zwischen innen und außen und umgekehrt.

Ändern Sie Ihre Stimmung ins Positive

Das ist genial, durch eine entsprechende Körperhaltung, die innere Stimmung zu ändern. Sodass es Ihnen besser geht und Sie daraus resultierend, hundertprozentig leistungsfähig sind. Wichtig dabei ist, dass Sie Ihren Geist einschalten, konzentriert mit dieser Fähigkeit umgehen.

Sie sind nie wieder der Spielball der Situationen

Egal was andere sagen oder meinen, das hat mit Ihnen nichts zu tun. Sie entscheiden zu jeder Zeit, was für Sie wichtig und gut ist und was sich als uninteressant darstellt. Das ist eine wunderbare Erkenntnis, diese Eigenschaften fest in sein Leben mit aufzunehmen und beizubehalten.

Studieren Sie Ihre Lebenssituationen

Je mehr Sie sich studieren, desto besser lernen Sie sich kennen und umso leichter ist es für Sie, darauf zu reagieren. Dazu ist es erforderlich, dass Sie exakt überprüfen, was in Ihnen welche Stimmung verursacht. Seien Sie bitte ehrlich bei der Beantwortung der Fragen. Denken Sie nicht lange nach, sondern kommen Sie unverzüglich ins Schreiben.

Ihrer Körperhaltung?	Verursacht durch?	Wie oft?
1.) ______	______	______
2.) ______	______	______
3.) ______	______	______
4.) ______	______	______
5.) ______	______	______
6.) ______	______	______
7.) ______	______	______
8.) ______	______	______
9.) ______	______	______
10.) ______	______	______

Wie fühlt es sich für Sie an? Oder haben Sie die Aufgabe nicht gemacht? Das wäre schade, aber normal. Anstatt, dass wir uns ans Eingemachte machen, schauen wir lieber, ob es nicht einen Ausweg, einen bequemeren Weg gibt. Das ist der Hang zum berühmten Minimalismus. Davon müssen Sie sich verabschieden, sonst werden Sie in Ihrem Leben nie Großes bewegen. Wenn Sie es noch nicht umgesetzt haben, tun Sie es jetzt, Ihnen geht es danach besser. Nun reduzieren Sie es auf die drei relevantesten Punkte.

Ihrer Körperhaltung?	Verursacht durch?	Wie oft?
1.) ______	______	______

2.) ____________________ __________________ ______________

3.) ____________________ __________________ ______________

Merken Sie, wie Sie dem eigentlichen Wesen, Ihrem Wesen und Dasein näher kommen? Das ist doch großartig, macht Sie stolz und erhaben. Sie haben es im Griff, sind ein Meister Ihres Faches. Sie stehen über den Dingen und wissen bereits im Vorfeld, wie Sie es in den Griff bekommen. Warten kommt für Sie nicht mehr infrage, dazu ist Ihnen Ihr Leben zu wertvoll. Nun reduzieren Sie es auf einen einzigen Punkt.

Ihrer Körperhaltung? Verursacht durch? Wie oft?

1.) ____________________ __________________ ______________

Was ist Ihre extremste Wirkung? Leider vernachlässigen es die meisten Menschen, die Überprüfung der einzelnen Mechanismen, die sie steuern. Je mehr sich damit befasst wird, desto gefasster ist man und hat sein Leben in der eigenen Hand. Man ist nie mehr der Spielball von Äußerlichkeiten. Wenn Sie das geschafft haben und da kommen Sie nur hin, wenn Sie permanent dranbleiben, desto besser geht es Ihnen. Es macht Sie frei und Sie sind imstande, eine große Meisterleistung an den Tag zu legen.

Ihr Fazit: ____

Studieren Sie sich

Das ist dringlich, dass Sie sich permanent studieren, genau überprüfen, wie Sie buchstäblich ticken. Was in Ihnen vorgeht, wie Sie denken und fühlen, wie die Emotionen ausschauen. Je mehr Sie sich dabei kennenlernen, desto besser geht es Ihnen, weil Sie mit sich selbst klarkommen. Im Wort „Klar" liegt die berühmte Klarheit. Es ist das Wichtigste, was Sie in Ihrem Leben erreichen können.

Führen Sie Buch darüber

Bei dieser Selbstanalyse ist es wichtig, dass Sie in die berühmte Schriftlichkeit gehen. Das hilft Ihnen, stets den Fortschritt im Griff zu haben. Nichts schlimmer, als durch eine Nebelwand zu fliegen und dabei nicht zu wissen, wo Sie sich befinden. Dann haben Sie bereits im Vorfeld verloren.

Ich brauche das nicht

Das habe ich häufig gehört und dies ist eine maßlose Selbstüberschätzung. So von sich erhaben zu sein, als wüsste man alles und bräuchte solche Mechanismen in sein Leben nicht einzubauen. Das ist wie blind auf der Autobahn zu fahren, dies würde man doch niemals tun.

Nehmen Sie die Hilfe an

Der Kluge lernt immer von anderen und hier ausschließlich von Erfolgreichen, die den Weg bereits gegangen sind. Nur der Narr macht alles alleine und glaubt es tatsächlich im Griff zu haben. Alle Erfolgreichen dieser Erde haben einen Coach oder Berater zur Seite, der hilft weiterzukommen. Ein Coach fördert und fordert. Natürlich kostet das Geld, aber was es bringt, ist ein Vielfaches dessen, was es kostet.

Sich zu studieren, ist die Krönung

Das geht leichter, wenn Sie einen Coach Ihr eigen nennen. Das hilft Ihnen weiterzukommen und einen Erfolg, nach dem anderen einzustreichen. Wir sind schließlich auf der Erde, um von Erfolg zu Erfolg zu wandeln, sicher nicht im Elend und in der Jammerei zu verharren. Dazu haben wir nicht unser kostbares Leben geschenkt bekommen. Wenn Sie keinen Coach haben, machen Sie es mit einer großen Konsequenz eben selbst.

Sie werden von Tag zu Tag immer stolzer

Sie spüren immer stärker, dass Sie in den berühmten Energieüberschuss gelangen. Das hilft Ihnen besser und noch besser zu werden. Sie wachsen von Tag zu Tag, es gibt keine Hindernisse und Grenzen für Sie. Also fangen Sie an, packen Sie es an. Nehmen Sie Ihr Leben fest in Ihre Hände und freuen Sie sich.

Sie wurden als Gewinner geboren

Ist Ihnen das überhaupt bewusst? Wohl kaum und das ist fatal. Wichtig ist für Sie eine Dankbarkeit an den Tag zu legen und daraus resultierend, glücklich und zufrieden zu sein. Nie mehr zu warten, zu jammern und zu lamentieren. Das ist die übelste Nummer, der Sie sich hingeben können.

Leben Sie wie ein Gewinner

Je schneller Sie sich das angewöhnen, desto besser geht es Ihnen und Sie erreichen dadurch eine höhere Erfolgsquote. Viele Menschen möchten gerne als Gewinner durchs Leben gehen und Sie bekommen es nicht gebacken, weil Sie das große Armutsdenken in sich haben. Verabschieden Sie sich schleunigst davon, das hat nie wieder etwas in Ihrem Leben zu suchen.

Sie haben Ihr erstes Rennen gewonnen

Sie gewinnen auch all die anderen Rennen, ohne einen einzigen Moment mit der Wimper zu zucken. Es ist eine absolute Selbstverständlichkeit für Sie. Tun Sie es einfach im „Hier und Jetzt." Dieser Satz ist immens wichtig, weil die meisten es auf irgendwann verschieben, es sich vornehmen. Das ist doof und unklug, damit schießt man sich nur selbst ins Bein. Wer macht so etwas? Ja, die meisten Menschen tun dies, mit einer großen Wonne.

Welche Rennen möchten Sie noch gewinnen

Haben Sie sich darüber einmal Gedanken gemacht? Wohl kaum, weil es letztlich fromme Wünschlein sind, die sich auftun und das ist zu wenig. Die große Geschichte ist gefragt und genau mit der sollten Sie sich beschäftigen. Schreiben Sie jetzt all die Rennen auf, welche Sie führen und gewinnen möchten.

Meine Rennen?	Wieso?	Start ist am?
1.) ______	______	______
2.) ______	______	______
3.) ______	______	______
4.) ______	______	______
5.) ______	______	______
6.) ______	______	______
7.) ______	______	______
8.) ______	______	______
9.) ______	______	______
10.) ______	______	______

Wie fühlt es sich für Sie an? Oder haben Sie nichts ausgefüllt? Das wäre schade, aber normal. Das ist der Hang zum berühmten Minimalismus, davon müssen Sie sich trennen. Sonst werden Sie nie Ihr Ziel erreichen. Bitte füllen sie die zehn Punkte aus. Ihnen geht es danach besser und Sie können weiterlesen. Nachfolgend reduzieren Sie die einzelnen Punkte auf die drei dringlichsten.

Meine Rennen?	Wieso?	Start ist am?
1.) ______	______	______
2.) ______	______	______

3.) ______________________ __________________ ______________

Merken Sie, wie Sie dem eigentlichen Wesen, Ihrem Wesen und Dasein näher kommen? Das ist doch großartig, macht Sie stolz und erhaben. Sie haben es im Griff, sind ein Meister Ihres Faches. Sie stehen über den Dingen und wissen im Vorfeld, wie Sie es in den Griff bekommen. Warten kommt für Sie nicht mehr infrage, dazu ist Ihnen Ihr Leben zu wertvoll. Nun reduzieren Sie es auf einen einzigen Punkt.

Meine Rennen?	**Wieso?**	**Start ist am?**

1.) ______________________ __________________ ______________

Was ist Ihre extremste Wirkung? Leider vernachlässigen es die meisten Menschen, die Überprüfung der einzelnen Mechanismen, welche sie steuern. Je mehr man sich damit befasst, desto gefasster ist man und hat sein Leben in der eigenen Hand. Man ist nie mehr der Spielball von Äußerlichkeiten. Wenn Sie das erreicht haben und da kommen Sie nur hin, wenn Sie permanent dranbleiben, desto besser geht es Ihnen. Es macht Sie frei und Sie sind imstande, eine riesen Meisterleistung an den Tag zu legen.

Ihr Fazit: ____

Ich würde ja schon gerne, aber

Kennen Sie diese ewige Story und alte Leier, man würde schon gerne, aber? Das ist der größte Selbstbetrug, den man sich nur antun kann. Er führt Sie direkt ins Chaos und Unglück. Genau das sollten Sie auf alle Fälle vermeiden. Sie schaden sich mit diesem Verhalten am allermeisten.

Streichen Sie das Wort „würde" für immer

Streichen Sie es gänzlich aus Ihrem Vokabular. Das hat dort nichts mehr zu suchen. Auf „würde" können Sie definitiv nichts aufbauen. Ihr Ziel ist klar, wenn Sie etwas wollen, dass Sie auch alles daran setzen, dies zu erreichen.

Anstatt ich würde – ich tue

Denn nur durch das Tun wird sich etwas tun. Ansonsten bleibt es bei einem der vielen frommen Wünschlein und der ewigen Hoffnung, dass sich hoffentlich und womöglich bald etwas tun möge. Irgendwann das Ziel, der lang ersehnte Wunsch in Erfüllung gehen wird. Die Enttäuschung ist vorprogrammiert.

„Von nichts – kommt auch nichts!"

Dieser Spruch kommt mehr denn je zum Tragen und deshalb sollten Sie ihn unverzüglich angehen. Unternehmen Sie Tag für Tag viel in Richtung Ihrer Ziele und es wird sich Gigantisches tun. Sie werden fortlaufend positive Ergebnisse erzielen. Dadurch schlussendlich zu Ihrem persönlichen Erfolg gelangen.

Sie sind das Maß der Dinge

Das ist doch eine wunderbare Aussage. Sie bestimmen, wo die Reise exakt hingehen soll. Was für Sie dringlich ist und was uninteressant. Keiner kann das für Sie übernehmen oder eine Entscheidung fällen. Je klarer Sie sich sind, desto mehr können Sie das Wort Erfolg auf Ihre Fahne schreiben.

„Ihr Erfolg = Ihr Leben"

Handeln Sie

Der erste Gedanke morgens, wenn Sie aufwachen, ist an Ihre Ziele. Er begleitet Sie den gesamten Tag. Sie lassen sich durch nichts irritieren, sind völlig beseelt davon, dass es wird. Sie hören erst auf, wenn Sie es erreicht haben. Als Macher wissen Sie genau, dass es Durchhaltevermögen braucht. Das trainieren Sie und es wird zu einem festen Teil in Ihrem Leben.

Handeln Sie ergebnisorientiert

Das ist die wichtigste Eigenschaft, die Sie sich unbedingt zunutze machen müssen. Dies ist keine Wunschvorstellung, denn am Schluss zählen nur Ergebnisse und nichts anderes. Wie intensiv leben Sie bereits derart? Oder gehören Sie womöglich zu denen, die alles auf Hoffnung aufbauen.

Ergebnisse gleich Ihr Erfolg

Das ist alles und dies sollten Sie sich zu Gemüte führen. Es gibt immer wieder Idealisten, die etwas anderes behaupten, das ist Blödsinn. Stellen Sie sich vor, Sie würden keine Ergebnisse erzielen. Ergebnis ist stets Erfolg und damit auch die finanzielle Situation gemeint.

Folgende Szenarien zur besseren Verdeutlichung

- Sie gehen zum Tanken
- Sie gehen Einkaufen
- Sie gehen Essen

Tanken

Sie fahren vor, tanken Ihr Fahrzeug voll und gehen an die Kasse. Dem Kassierer erklären Sie, dass Sie zurzeit keinen Erfolg (Geld) haben, jedoch gerade an einer großen Geschichte dran sind. Wenn das funktioniert, kommen Sie sofort zum Bezahlen der offenen Tankrechnung vorbei.

Einkaufen

Sie laden sich den Wagen voll, an der Kasse erzählen Sie erneut, dass Sie kein Geld haben. Jedoch der Erfolg bald da sein wird, da wird die Post abgehen. Die Kassiererin wird zu Ihnen sagen „Kein

Problem, nehmen Sie die Sachen mit, und sobald der Geldsegen eintritt, können Sie alles begleichen!“

Sie gehen Essen

Am Ende des Essens die gleiche Story. Der Wirt wird für Sie Verständnis haben. Das ist kein Problem für ihn, er wird auf Sie warten. In der Zwischenzeit dürfen Sie natürlich stets bei ihm Essen. Glauben Sie an diese Geschichte? Bestimmt nicht, denn wie heißt es im Volksmund treffend

„Ohne Moos, nichts los!“

So simpel ist das Thema und daran werden auch Sie nichts ändern. Es ist eine feststehende Größenordnung, dass alles Geld kostet. Wer kein Geld hat, bleibt eben zu Hause.

Was bringt mir etwas

Bei allem was Sie ab sofort tun, stellen Sie sich diese Frage „Was bringt mir das, wenn ich es tue? Was bringt es mir, wenn ich es nicht tue?“ Beide Fragen sind enorm wichtig, denn wenn etwas nichts bringt, sollte man es tunlichst lassen, sofort canceln. Das Leben ist zu kostbar und zu kurz, um Dinge zu tun, die einem erstens keinen Spaß machen und zweitens kein Ergebnis liefern. Das ist vergeudete Zeit, die ein für alle Mal vorbei ist.

So darf man nicht denken

Diese Aussage höre ich häufig. Einmal mehr, wer sagt so etwas? Erfolgeiche bestimmt nicht, das ist der Text von Erfolglosen, die sich damit eine wunderbare Alibibasis geschaffen haben. Alibis an allen Ecken und Enden. Dann kommen noch die üblen Opferstorys hinzu. Sie alleine bestimmen Ihr Denken, das ist doch ein Traum, das Leben selbst bestimmend in seiner Hand zu halten. Kann es etwas Schöneres geben?

Im Zweifelsfall lassen

Wenn es nichts bringt, lassen Sie es. Es ist das Schlimmste, was Sie sich antun können, gegen den eigenen Willen und die Vorstellungen etwas zu unternehmen. Das sollten Sie nie tun, dies macht auf Dauer krank und das brauchen Sie doch nicht oder?

Haben Sie Mut

Das ist wichtig, dass Sie mutig durch die Welt schreiten. Denn letztlich gehört nur den Mutigen die Welt. Diese jagen von Erfolg zu Erfolg, alle anderen sind die Dienstleister für die Mutigen. Auch Sie haben das Zeug dazu, Sie müssen nur mutig sein. Fangen Sie heute an, Ihr Leben wird sich zum Positiven wandeln.

Was wollen Sie wirklich

Haben Sie sich darüber schon Gedanken gemacht? Natürlich haben Sie sich das eine oder andere durch Ihren Kopf gehen lassen. In der Regel sieht es folgendermaßen aus, nach dem Prinzip von „Es wäre ja schon schön.“ Das war es aber dann und dies ist definitiv zu wenig, um eine dauerhafte Veränderung in Ihrem Leben herbeizuführen. Veränderungen verlangen ein beherztes Zupacken und kein überängstlich sein.

Es ist schwer

In der Tat ist es manchmal schwierig, überhaupt genau zu wissen, was man will und was nicht. Das ist fatal, geht es doch um nichts Geringeres, als um das eigene Leben. Das Wertvollste, was wir besitzen, da heißt es, mit der nötigen Sorgfalt vorzugehen.

Zu viele Menschen haben uns beeinflusst

Das merken wir oft gar nicht, dass viele Menschen Einfluss genommen haben. Die ewigen und ständigen Manipulatoren, die uns zu ihren Gunsten beeinflussten oder es noch immer tun. Der Reihe nach schauen wir uns alle an.

- Die Eltern
- Die Großeltern
- Die Erzieherinnen
- Freunde
- Lehrer und Schüler
- Lehre, Schule
- Studium: Professoren, Kommilitonen
- Arbeitsstätte: Chef, Kollegen, Kunden
- Partner
- Nachbarn

- Freunde
- Vereine, Club, Verbände

Alles Leute, die auf uns Einfluss genommen haben. Wir sind mitten drin, am sich zurecht finden. Oft kein sehr leichtes Unterfangen, denn die alten Muster prägen den Menschen doch stark und sehr nachhaltig.

Was wirkt heute noch am massivsten

Schreiben Sie alles auf, dessen Wirkung Sie heute noch spüren. Als ich dies das erste Mal gemacht habe, war ich erstaunt, wie viele Einflüsse da vorherrschen und es teilweise bis zum heutigen Tage noch tun, weil die Dinge, zu tief in unserem Unterbewusstsein verankert sind. Man nennt sie auch die permanenten Saboteure. Das heißt, Sie sabotieren fortlaufend unser Leben.

Welche Einflüsse wirken noch?	**Wieso?**	**Seit wann?**
1.) ____________________	____________	____________
2.) ____________________	____________	____________
3.) ____________________	____________	____________
4.) ____________________	____________	____________
5.) ____________________	____________	____________
6.) ____________________	____________	____________
7.) ____________________	____________	____________
8.) ____________________	____________	____________

9.) ______________________ ___________ ___________

10.) _____________________ ___________ ___________

Wie ist Ihr Empfinden? Wie denken Sie darüber? Geht es Ihnen gut? Ist Ihnen einiges bewusst geworden? Wir stehen teilweise noch zu stark unter dem Bann von irgendwelchen früheren Mustern und Programmen. Diese lassen uns leider nicht frei in die neue Welt eintreten. Sie blockieren uns teilweise massiv und oft auf sehr subtile Art und Weise.

Reduzieren Sie jetzt die Beeinflussungs-Programme, auf die drei größten. Es ist ein wichtiger Punkt, die berühmte Reduktion auf das Wesentliche. Denn wir können niemals alle im Auge behalten, um eine Änderung herbeizuführen.

Welche Einflüsse wirken noch? Wieso? Seit wann?

1.) ______________________ ___________ ___________

2.) ______________________ ___________ ___________

3.) ______________________ ___________ ___________

Wie kommt das Ganze für Sie rüber? Manchmal ist dies ein eigentümlicher Prozess, zwischen Freude es endlich erkannt zu haben und Schmerz, dass es soweit kommen musste. Aber es nützt nichts, wenn wir wie meist, beschönigend dran gehen. Das verursacht nur noch mehr Chaos, in unserem Leben, hier gilt es aufzuräumen. Die berühmte Ordnung wieder herzustellen, denn dadurch fühlen wir uns wesentlich besser und vor allem freier. Jetzt reduzieren Sie das Ganze auf den größten Beeinflussungs-Faktor. Wer hat die tragende Kraft, bis heute massiv auf Sie einzuwirken? Wer lässt Ihnen bis zum jüngsten Tage keine Ruhe?

Welche Einflüsse wirken noch?   Wieso?   Seit wann?

1.) ______________________ ____________ ____________

Wie ist es nun für Sie? Sind Sie erschrocken oder machen Sie einen auf ganz cool, nach dem Motto „Das wusste ich doch!" Schwarz auf weiß die Dinge festzuhalten, gibt ein besseres und vor allem auch klares Bild, der momentanen Situation. Um das geht es letztlich, denn nur dadurch haben wir die Chance, in die Veränderung zu gelangen.

Ihr Fazit: ____

Die furchtbaren Glaubenssätze

Glaubenssätze können positiver Natur sein, jedoch auch vernichtend und dies ist das Schlimme daran. In der Regel sind diese negativ und führen ein Leben im Untergrund, wo sie uns permanent sabotieren. Das ist fatal und schlimm, soweit darf es nie kommen. Hier ist dringend Handlungsbedarf angesagt.

Glaubenssätze werden permanent wiederholt

Das macht diese so gefährlich, denn permanente Wiederholung schafft Wirklichkeit und das ist oft grausam. Schauen wir uns einige Glaubenssätze an.

- Du bist zu klein
- Du bist zu blöd
- Das checkst du sowieso nie
- Das ist nichts für dich
- Wer hoch hinaus will, der fällt tief
- Schuster bleib bei deinen Leisten
- Man muss auch einmal zufrieden sein
- Wann änderst du dich endlich
- Du wirst schon sehen, wo du hinkommst
- u.v.m.

Die Liste könnte beliebig fortgeführt werden. Diese Sätze immer gehört, werden zum festen Programm, das ist unangenehm und schrecklich. Sie beeinflussen unser gesamtes Leben.

Überprüfen Sie Ihre Glaubenssätze

Sie kennen doch das berühmte Sprichwort von „Gefahr erkannt – Gefahr gebannt!“ Genau das sollten Sie unbedingt anschauen. Das erleichtert Ihnen das Leben, wenn Sie erstmals klar blicken, was gerade gespielt wird. Schreiben Sie alle Glaubenssätze auf, die Ihnen einfallen. An erster Position, welche es sind. An zweiter Stelle, von wem Sie diese haben, wer hat das gesagt. Und an dritter Stelle, seit wann haben Sie diese in sich.

	Meine Glaubenssätze?	**Von wem?**	**Seit wann?**
1.)	______________	______________	______________
2.)	______________	______________	______________
3.)	______________	______________	______________
4.)	______________	______________	______________
5.)	______________	______________	______________
6.)	______________	______________	______________
7.)	______________	______________	______________
8.)	______________	______________	______________
9.)	______________	______________	______________
10.)	______________	______________	______________

Wie fühlt es sich für Sie an? Als ich angefangen habe, mich intensiv mit dem Thema zu befassen, wurde mir einiges klar. Langsam aber sicher fing ich an zu begreifen, wie die Zusammenhänge zwischen dem was ich tun und sein wollte, und der Wirklichkeit in Beziehung standen. Mir war klar, dass ich das Problem in mir innewohnen hatte. Dass es vom Unterbewusstsein aus zur ständigen Sabotage kam und ich durch deren Wiederholungen für eine weitere Festigung sorgte. Ein übler Teufelskreis, dem ich ausgesetzt war. Da galt es dringend, für Abhilfe zu sorgen. Reduzieren Sie nachfolgend die Glaubenssätze, auf die drei schlimmsten.

Meine Glaubenssätze? **Von wem?** **Seit wann?**

1.) ____________________ ________________ ____________

2.) ____________________ ________________ ____________

3.) ____________________ ________________ ____________

Wir können unmöglich alle auf einmal angehen, das funktioniert nicht. Es sind permanent einige wenige, die letztlich das Zepter übernehmen und uns das Leben zur Qual machen können. Schade aber wahr, was sich da oft zuträgt. Folglich heißt es, dies in Angriff zu nehmen und nicht zu warten. Nachfolgend halten Sie den schlimmsten Glaubenssatz fest.

Mein Glaubenssatz? **Von wem?** **Seit wann?**

1.) ____________________ ________________ ____________

Es ist der Glaubenssatz, welcher Sie permanent beeinflusst und den Sie nun klar, konkret, messbar und unmissverständlich vor Augen haben. Jetzt fängt die große Kunst an, sich mit ihm auseinanderzusetzen. Ein Aspekt, der hier zum Tragen kommt. Nicht nur zur Kenntnis nehmen, sondern aktiv mit ihm zu arbeiten. Gehen Sie sofort an die Umsetzung der daraus gewonnenen Erkenntnisse. Diese helfen Ihnen, in Ihrem Leben weiterzukommen.

Ihr Fazit: ____

Was wollen Sie nie mehr

Das eine oder andere fällt einem bei dieser Frage spontan ein. Jedoch ist es bei näherem Hinterfragen, wieso es nicht geändert wird, gleich mit jeder Menge „Ja-abers" bestückt. Tausende von Gründen, wieso es nicht geändert werden kann. Das ist doch verrückt und bescheuert, derart durchs Leben zu gehen. Man schadet sich mit diesem Verhalten am meisten. Dies gilt es unbedingt zu vermeiden. Deswegen wollen wir uns nun intensiv damit beschäftigen.

Wie lange wollen Sie sich noch quälen

Die Angst der Veränderung ist oft groß, dass man lieber alles beim Alten lässt, aber gleichzeitig erstaunt ist, dass sich nichts tut. Nur in der Veränderung liegt der Erfolg. Das sollten Sie sich zur Maxime machen und auch ins Handeln kommen.

Raus aus der Falle

Nicht warten, sondern schnell handeln. Sonst wird es im Laufe der Zeit immer schlimmer. Wenn Sie ehrlich sind, haben Sie das bestimmt auch schon so empfunden. Das ist kein erbauendes und gutes Gefühl. Im Gegenteil und dann die Achtung vor sich zu verlieren ist das Schlimmste, was Sie sich antun können. Das demontiert Sie auf übelste Art und Weise.

Es ist immer das Gleiche

Dank unserer oft idiotischen Erziehung von „Das tut man nicht, kann man nicht machen!" Dies hat sich tief in uns verankert, dass wir total blockiert sind. Da haben wir das berühmte Prinzip des Kaninchens vor der Schlange. Es wäre kein Problem davon zu rennen, das Kaninchen ist jedoch wie erstarrt, so geht es den meisten Menschen.

Bringen Sie es auf den Punkt

Bei allem was Sie tun, bringen Sie es auf Ihr Leben gerichtet auf den Punkt. Ihnen geht es dadurch wesentlich besser und Sie sind leistungsfähiger. Je besser Sie mit sich im Lot sind, desto mehr bekommen Sie bewegt. Darum geht es, denn es ist Ihr Leben und damit zugleich das Wertvollste, was Sie besitzen.

Klar, konkret, messbar und unmissverständlich

Jetzt ist der Moment gekommen, wo wir uns intensiv mit dem Thema befassen. Wo Sie die gesamten Punkte aufschreiben und klar beim Namen nennen. Dadurch besteht die Chance, eine Änderung einzuleiten.

	Was wollen Sie nie mehr?	Wieso?	Bis wann?
1.)			
2.)			
3.)			
4.)			
5.)			
6.)			
7.)			
8.)			
9.)			
10.)			

Haben Sie notiert, was Sie nie wieder möchten? Eine Begründung ist wichtig und vor allem bis wann es soweit sein wird. Denn es darf keine lebenslange Geschichte werden, sonst haben Sie verloren. Im Leben zu verlieren, ist furchtbar und schrecklich. Das darf nie Ihr Thema sein. Sie sind ein Gewinner und so leben Sie. Es wird unter Umständen eine total neue Welt für Sie bedeuten, aber auch eine Befreiung, von dem riesigen Joch der eigenen, selbsterfüllenden Prophezeiungen. Ein Leben in Freiheit ist durch nichts zu ersetzen. Nach seiner Fasson zu leben, ist erstrebenswert. Notieren Sie die drei wichtigsten Elemente.

Was wollen Sie nie mehr?	**Wieso?**	**Bis wann?**
1.) ____________	____________	____________
2.) ____________	____________	____________
3.) ____________	____________	____________

Wie ist es für Sie, wo Sie es konkretisiert haben? Geht es Ihnen gut oder sind Sie geschockt? Als ich dies das erste Mal gemacht habe, ging es mir nicht gut. Es war eine schreckliche Situation, die sich aufgetan hat. Zu erkennen, was ich schon hätte alles gekonnt und wie viel geschehen ist. Das hat dermaßen auseinandergeklafft, war sogar so schlimm, dass ich nicht mehr wollte. Denn es schien mir unmöglich, alles aufzuholen. Nach dem ersten Schock habe ich mich doch entschlossen anzugreifen und mein Leben in meine Hände zu nehmen. Zum Finale reduzieren Sie es bitte auf den schlimmsten Punkt.

Was wollen Sie nie mehr?	**Wieso?**	**Bis wann?**
1.) ____________	____________	____________

Nun sind wir beim Finale angekommen. Sie haben es womöglich das aller erste Mal in Ihrem Leben wirklich beim Namen genannt. Es steht schwarz auf weiß auf dem Papier. Dazu möchte ich Ihnen herzlich gratulieren. Sie sind weiter, als die meisten Menschen jemals in ihrem Leben sein werden. Wie geht es Ihnen nun? Was haben Sie für ein Gefühl? Schreiben Sie es auf, und befestigen Sie es an mehreren Stellen, wo Sie es häufig sehen. Das hilft Ihnen, dass Sie es auf gar keinen Fall vergessen. Zum Abschluss, was ist Ihr Fazit aus der Geschichte?

Ihr Fazit: ____

Jetzt müssen Sie üben

All die frommen Wünsche nützen nichts. Wenn Sie nicht anfangen zu üben, haben Sie verloren und das sollten Sie sich schenken. Es ist das Schlimmste, was Ihnen passieren könnte. Darum schreiben Sie es sich fest auf die Fahnenstange „Üben, Üben, Üben, Üben, Üben und nochmals Üben!“ Eine andere Alternative gibt es definitiv nicht.

Wer nicht übt, verliert

Dies ist eine uralte Regel und jeder Sportler kennt sie in- und auswendig. Er weiß genau, wenn er nicht übt, hat er keine Chance auf Erfolg. Deswegen hat er einen festen Trainingsplan und hält sich an diesen. Tag für Tag wird das Training abgespult, damit geht es in großen Sprüngen voran.

Wie sieht es mit Ihrem Training aus

Bei dieser Frage schauen mich die meisten entrüstet an, so als wäre das etwas völlig Fremdes. Nach dem Prinzip von

„Wie, ich muss üben?“

Na klar doch, was denn sonst. Wenn Sie nicht üben, haben Sie verloren. Ich wiederhole mich, es ist wichtig, dass Sie sich diesen Satz tief in Ihr Inneres einprägen.

Ihr Trainingsplan ab sofort

Da es sich ja hier um ein Buch von Machern handelt und nicht von Theoretikern, wollen wir sofort ans berühmte Eingemachte gehen. Nicht warten und hoffen, sondern unverzüglich Wirklichkeiten schaffen. Ihnen geht es dadurch wesentlich besser und Sie werden von Tag zu Tag erfolgreicher. Schreiben Sie nachfolgend auf, was Sie alles tun, um noch erfolgreicher zu sein. Welches sind die einzelnen Maßnahmen, wieso tun Sie das und wann starten Sie damit? Festlegen auf ein Datum schafft die nötige Power, um dann auch wirklich anzufangen. Schriftlich festhalten und umsetzen, schafft neue Wirklichkeit.

Was tun Sie im Einzelnen?	Wieso?	Ab wann?
1.) ______	______	______
2.) ______	______	______
3.) ______	______	______
4.) ______	______	______
5.) ______	______	______
6.) ______	______	______
7.) ______	______	______
8.) ______	______	______
9.) ______	______	______
10.) ______	______	______

Wie geht es Ihnen? Vielleicht haben Sie nur eine einzige Einheit hingeschrieben. Getreu dem Prinzip des Minimalismus. Minimalismus ist von übel und davon sollten Sie schleunigst Abstand nehmen. Gehen Sie lieber in den Maximalismus hinein und Sie erreichen dadurch mehr, als jemals zuvor. Aber eben anfangen, anfangen, anfangen und nochmals anfangen. Dann müssen Sie bereit sein, es auszuhalten. Sonst können Sie es kippen und begraben. Halten Sie Ihre drei dringlichsten Punkte fest.

Was tun Sie im Einzelnen? Wieso? Ab wann?

1.) ______________________ ________________ ____________

2.) ______________________ ________________ ____________

3.) ______________________ ________________ ____________

Reduktion auf das berühmte Wesentliche, ist eine der wichtigsten Aufgaben. Je besser Sie damit umgehen können, desto wohler fühlen Sie sich dabei. Sie werden zu einem wahren Meister Ihres Glückes. Es ist schlussendlich das, was für Sie am allerwichtigsten ist. Nicht mehr warten, sondern loslegen. Eins nach dem anderen erledigen und dann wird es zum großen Erfolg Ihres Daseins. Was ist Ihr wichtigster Punkt?

Was tun Sie im Einzelnen? Wieso? Ab wann?

1.) ______________________ ________________ ____________

Sie können stolz auf sich sein. Sie haben es geschafft und das ist klasse. Haben sich von der großen, breiten Masse draußen völlig abgehoben. Alleine schon durch das schriftliche Umsetzen. Denn Gedanken festzuhalten, ist das „A und O" des Erfolges.

Ihr Fazit: ____

Schaffe ich das alles alleine

Die berühmteste aller Fragen. Schaffe ich das alleine? Und wie geht es? Wie komme ich da hin? Wer kann mir dabei helfen? Wie lange dauert das Ganze? Dazu gesellen sich in der Regel sofort Ängste, die zusätzlich eng machen. Alles unschöne Dinge, um im Leben Erfolg für sich aufweisen zu können.

Die Wahrscheinlichkeit es alleine zu schaffen, ist gering

Das ist eine altbekannte Tatsache. Alleine die Dinge zu bewältigen, ist nahezu ein Ding der Unmöglichkeit. Für alles gibt es Spezialisten. Woher sollte man auch dieses gesamte Wissen haben? Das ist sicherlich kein Geschenk des Himmels. Das Leben wird immer komplexer, dies gilt es zu erkennen, danach zu leben und vor allem zu handeln. Kompliziert sagen einige, aber nicht unlösbar. Genau das ist das Wundervolle daran.

Für jedes Problem gibt es eine Lösung

Diese gilt es zu finden, von alleine haut das niemals hin. Da benötigt man das nötige Engagement und den Drive. In erster Linie natürlich den absolut festen Willen, sich von niemandem beirren zu lassen. Das Ziel klar vor Augen und in großen Schritten darauf zuzugehen, schafft neue Dimensionen.

Wenn Sie klug sind, holen Sie sich HILFE

Wie heißt es treffend „Nur der Narr, macht alles alleine!" Möchten Sie als solcher durchs Leben wandeln? Das kann ich mir nicht vorstellen. Das wäre auch schade, für das gesamte Potenzial, welches in Ihnen innewohnt. Sie haben großartige Fähigkeiten und Begabungen mitbekommen. Diese gilt es unbedingt zu leben und nie mehr zu warten.

Versuch und Irrtum

Das ist ein gerne gespieltes Spiel. Es kostet aber unendlich viel Kraft. Ob das sinnvoll ist? Ich mag es bezweifeln und deswegen sollte man lieber auf die Erfahrungen von Erfolgreichen zurückgreifen. Das ist klüger und hilft Ihnen schneller voranzukommen. Stets in Anbetracht, dass die eigene Lebenszeit, die wertvollste ist und nicht unendlich dauert.

Wann fangen Sie an

Es ist immer die gleiche Frage, welche sich stellt. Wann fange ich an, lege ich endlich los? Wer kann mich aufhalten oder bremsen, niemand außer ich selbst. Folglich ist es in der Tat das Klügste, endlich die Handbremse zu lösen und Vollgas zu geben. Sich nie wieder von Gegebenheiten, oder von einigen Menschen beirren zu lassen.

Wer kann Ihnen dabei helfen

Um was geht es? Es geht in erster Linie darum, dass Sie endlich hundertprozentig zu sich stehen. Sagen, was Sie wollen und was nie wieder. Sich von nichts mehr von Ihrem Weg abbringen lassen. Den eingeschlagenen Pfad beibehalten, bis Sie Ihr Ziel erreicht haben. Deswegen ist es erforderlich, dass Sie sich absolut treu sind und bleiben. Das erfordert Mut und die Kunst, es aktiv umzusetzen.

Mut für sich selbst

Das Leben zu leben erfordert Mut. Mut sich gegen Widerstände zu wehren. Wie die berühmte alte deutsche Eiche, allen Stürmen zu trotzen. Sie stehen da wie eine Eins, dies ist ein Traum und schafft Freude und Wirklichkeit.

Holen Sie sich kompetente Hilfe

Der Königsweg für alles, Sie holen sich Hilfe und warten nie darauf, dass sich von selbst etwas richten wird. Das ist vergleichbar mit einem Landwirt, der im Frühjahr nicht auf den Acker zum Säen fährt, weil er voller Hoffnung ist, dass die Scholle ihm die Ernte bescheren wird, ohne dass er einen Finger krumm machen muss. Solche Geschichten gehören ins Reich der Märchen und sind nicht von Relevanz. Eine Utopie, die nicht funktioniert.

Wer kann Ihnen helfen

Es ist wichtig, sich im Vorfeld Gedanken zu machen, wer einem helfen kann und wer nicht. Schauen wir uns ein paar Beispiele an.

Wo gehen Sie bei folgenden Problemen hin?

1. Bei Steuerproblemen?
2. Bei einem Beinbruch?

3. Bei Zahnschmerzen?
4. Bei juristischen Problemen?
5. Wenn Ihr Auto nicht mehr anspringt?
6. Wenn Sie Hunger haben?

Anhand dieser Beispiele ist es kein Problem, sofort Lösungen hervorzuzaubern. Das sind wir gewöhnt und es ist fast Alltag für uns. Beim Problem, dass wir nicht sagen, was wir genau möchten, wer kann da helfen.

Listen Sie nachfolgend die Personen auf, die Ihnen helfen könnten, diese Schwachstelle zu eliminieren.

	Wer kann mir helfen?	**Wieso?**	**Ab wann?**
1.)	______________	______________	__________
2.)	______________	______________	__________
3.)	______________	______________	__________
4.)	______________	______________	__________
5.)	______________	______________	__________
6.)	______________	______________	__________
7.)	______________	______________	__________
8.)	______________	______________	__________
9.)	______________	______________	__________
10.)	______________	______________	__________

Wie fühlt es sich für Sie an? Bereichert es Sie? Bringt es Sie in Ihrem Leben ein Stück weiter? Reduzieren Sie nun die Personen, auf die drei wichtigsten.

Wer kann mir helfen?	**Wieso?**	**Ab wann?**
1.) ______________________	____________________	______________
2.) ______________________	____________________	______________
3.) ______________________	____________________	______________

Was haben Sie für ein Feeling? Tut es Ihnen gut? Baut es Sie auf? Fühlen Sie sich darin bestärkt? Wer ist die wichtigste Person, die Ihnen helfen kann?

Wer kann mir helfen?	**Wieso?**	**Ab wann?**
1.) ______________________	____________________	______________

Das Thema ist wie immer Reduktion auf das Wesentliche. Das ist eine hohe Kunst, die nur wenigen gelingt, weil die meisten ihren Gedanken freien Lauf lassen und dann überrascht sind, die wesentlichen Dinge nicht erreicht zu haben.

Ihr Fazit: ____

Hilfe durch einen Erfolgscoach

Es alleine zu packen, ist eine komplexe Angelegenheit. Alles zu wissen, ist fast ein Ding der Unmöglichkeit. Das ist zu kompliziert und komplex. Ob das einen Sinn gibt, kostbare Lebenszeit zu verbraten, bezweifle ich. Da ist es sinnvoller, in sich zu investieren und sich einen Erfolgscoach zu nehmen.

Es gibt Coaches auf dem Markt, wie Sand am Meer

Ein förmlicher Boom, welcher sich aufgetan hat. Jeder versucht auf den Zug aufzuspringen in der Hoffnung, ein riesiges Stück des Kuchens abzubekommen. Entsprechend ist vielerorts die Qualität stark gesunken.

Welche Parameter gibt es

Wie immer im Leben, gibt es mehrere Möglichkeiten. Was das Gute daran ist, wir haben immer die Wahl. Dessen sollten wir uns bewusst sein, hier eine kurze Übersicht. Ziehen Sie die für Sie wichtigsten Schlüsse daraus und kommen Sie sofort ins Handeln.

Die wichtigsten Eigenschaften

Aufgrund meiner über 38-jährigen Erfahrung, haben sich folgende Parameter herauskristallisiert.

- Mindestens 20 Jahre auf dem Markt
- Vorträge halten
- Seminare halten
- Bücher schreiben
- Eigenes Geschäft mit Mitarbeitern

Mindestens 20 Jahre auf dem Markt

Ein gewisser Grunderfahrungsschatz sollte vorhanden sein. Ein

Coach muss einiges in seinem Leben bewegt haben. Nichts gegen junge Leute, aber um zu coachen, muss immens viel Erfahrung vorhanden sein. Diese kann ein junger Mensch aufgrund seines Alters einfach noch nicht vorweisen.

Vorträge halten
Ein Coach sollte regelmäßig Vorträge halten und den Menschen etwas zu sagen haben, sonst sieht es schlecht aus. Viele fürchten sich sogar, etwas vor einer Gruppe vortragen zu müssen. Dabei sollte das fast Alltag sein. Es hat auch etwas mit der nötigen Einstellung und Manpower zu tun. Fast für jeden der angefangen hat Vorträge zu halten, war es am Anfang eine große Überwindung. Sich dieser zu stellen, darüber hinaus zu gehen und es dann zu einer großen Meisterleistung zu bringen. Das zeigt die wahre Größe auf, die ein Coach unbedingt sein eigen nennen muss.

Seminare halten
Das hat den großen Vorteil, dass der Coach redegewandt ist, vor großem Publikum sprechen kann, über ein sicheres Auftreten verfügt. Ferner hat er durch die verschiedensten Personen eine gute Menschenkenntnis. Er muss bei jedem Seminar die Leute fesseln und auch begeistern. Sicherlich waren Sie auch schon auf einem Seminar, wo Sie beinahe eingeschlafen sind, weil der Seminarleiter fast alles mit Folien vorgetragen hat. Das darf nicht sein, das Ganze sollte auch Spaß machen. Denn mit Spaß und Freude lernt es sich viel leichter.

Bücher schreiben
Auch das müsste eine Selbstverständlichkeit sein. Wer etwas zu sagen und einiges in seinem Leben bewegt hat, da gehört es zur absoluten Selbstverständlichkeit, dass man das Wissen schriftlich niederlegt. Für andere Menschen zur Verfügung stellt. Hier höre ich auf die Frage, wieso noch keine eigenen Bücher geschrieben wurden häufig „Ach, das ist unnötig, ich muss nicht auch noch ein

Buch schreiben. Es gibt so viele auf dem Markt!" Nun denn, das brauchen wir nicht weiter zu kommentieren. Lassen wir es einfach im Raum stehen.

Eigenes Geschäft mit Mitarbeiter

Da sollen Coaches übers Geschäft reden. Anderen Menschen helfen, sich besser im Business zu etablieren und selbst haben Sie außer der Coaching-Geschichte, noch nie ein Geschäft geführt. Diese sind also nur beratend unterwegs. Genauso sieht es mit Mitarbeiter aus. Diese Größenordnung muss unbedingt dabei sein. Denn Mitarbeiter, das ist eine besondere Liga und darf niemals unterschätzt werden. Es ist ein heikles Thema, und wenn diese erst einmal aus dem berühmten Ruder laufen, ist das fast nicht wieder gut zu machen.

Coaching ein sehr komplexes Thema

Wie Sie unschwer erkennen können, ist Coaching komplex und vielseitig. Für Sie als Auftraggeber ist es wichtig, dass Sie sich am Anfang Mühe geben. Genau hinschauen, wem Sie den Auftrag erteilen. Dabei geht es doch um eine sehr persönliche Zusammenarbeit. Hier muss immenses Vertrauen vorhanden sein, sonst haut es definitiv nicht hin.

Ich bin skeptisch

Eine gesunde Portion Skepsis ist völlig in Ordnung. Es darf nur niemals zum lähmenden Faktor werden. Sonst haben Sie ein echtes, hausgemachtes Problem. Das Dümmste, was man machen kann, sich Probleme zu schaffen. Anschauen, auch intensiver ja, aber dann unverzüglich zu einer Entscheidung gelangen und zu dieser stehen.

Tun Sie es schnell, überwinden Sie die Skepsis

Plötzlich ist der Gedanke da. Ein ungutes Gefühl steigt auf, es fängt an zu belasten und dies ist der Moment, wo man anfangen muss, besonders aufzupassen. Spätestens jetzt wird es gefährlich. Gehen Sie sofort in die Analyse, schauen Sie hundertprozentig hin. Je zügiger Sie den Herd der Skepsis herauskristallisieren, desto leichter wird es.

Beantworten Sie die Skepsisfragen

Ein wichtiger Schritt ist stets in die berühmte Schriftlichkeit zu gehen. Solange man es nur aus dem Gefühl heraus versucht zu beantworten, wird es nichts werden, es bleibt bei der Farce. Sie müssen Klarheit schaffen, dann finden Sie zum Frieden, alles andere ist Blödsinn. Wie lange wollen Sie damit schwanger gehen? Womöglich ein Leben lang und es dann bereuen? Das kann nicht Ihr Ernst sein. Verabschieden Sie sich von solch einem Verhalten. Beantworten Sie sofort folgende Fragen. Welche Skepsis taucht auf, woher kommt diese und seit wann haben Sie das in sich?

	Skepsis wieso und worauf?	Woher?	Seit wann?
1.)	______________________	__________________	_____________
2.)	______________________	__________________	_____________

3.) ______________________ __________________ _____________

4.) ______________________ __________________ _____________

5.) ______________________ __________________ _____________

6.) ______________________ __________________ _____________

7.) ______________________ __________________ _____________

8.) ______________________ __________________ _____________

9.) ______________________ __________________ _____________

10.) _____________________ __________________ ____________

In der Regel baut sich das alles auf der Vergangenheit auf. Da sind einige Dinge abgelaufen, die in uns ein schlechtes Gefühl hinterlassen haben, nicht gut tun. Diese haben tiefe Kerben geschlagen, oftmals wirken sie ein ganzes Leben lang behindernd. Das ist fatal, ein absoluter Blödsinn derart durchs Leben zu gehen. Wir müssen aufpassen, dass wir nicht von der Vergangenheit gesteuert werden. Das hindert uns am Fort- und Weiterkommen.

Schreiben Sie alle Punkte auf, mögen Sie auch zum Minimalismus neigen, das interessiert in diesem Fall nicht. Es geht um Ihre großartige, gigantische Zukunft. Was anderes zählt nicht und die eigene Zukunft kann nur dann groß werden, wenn wir sie uns so gestalten und das ist stets im Maximalismus. Wie fühlen Sie sich jetzt? Nun reduzieren Sie es auf die drei schlimmsten Bereiche.

Skepsis wieso und worauf? **Woher?** **Seit wann?**

1.) ______________________ __________________ _____________

2.) ____________________ ________________ ____________

3.) ____________________ ________________ ____________

Skepsis ist auf der einen Seite in Ordnung und gut. Hilft es uns aufzupassen und nicht in Gefahr zu bringen. Auf der anderen Seite wirkt sie blockierend und es tut sich nichts. Wir bleiben stehen und drehen uns im Kreise. Genau das, was wir auf keinen Fall zulassen dürfen. Denn das Leben ist in jeder Hinsicht Fortschritt, dies sollten wir berücksichtigen und dran bleiben. Nun folgt die Reduktion auf den Hauptpunkt.

Skepsis wieso und worauf? Woher? Seit wann?

1.) ____________________ ________________ ____________

Einmal mehr können Sie stolz auf sich sein. Sie sind ein großes Stück in Ihrem Leben weiter gekommen. Sie haben sich mit wesentlichen Dingen befasst. Jetzt müsste es Ihnen besser gehen und Sie weitaus mehr Durchblick besitzen.

Ihr Fazit: ____

Wenn es endlich soweit wäre

Diese Aussage höre ich öfters. Der große Wunsch, dass alles schnell gehen möge, ohne Schmerz. Ab sofort und zackig in die neue Welt hinein. Das wären fast paradiesische Zustände, aber davon sind wir meilenweit entfernt. Alles braucht seine Zeit und dessen sollte man sich bewusst sein. Dazu gibt es den passenden Spruch „Rom wurde auch nicht an einem Tag erbaut."

Veränderungen brauchen Zeit

Der berühmte Zeitfaktor ist durch nichts zu ersetzen. Denken Sie darüber nach, wie lange Sie gebraucht haben, bis Sie auf die Welt kamen. Lange neun Monate und es gab keine Abkürzung, außer wenn Sie zu früh gekommen sind. Wie lange dauerte es, bis Sie endlich Laufen, Sprechen, Lesen, Rechnen und Schreiben konnten? Wiederum etliche Jahre des permanenten Übens. Heute ist es für Sie eine absolute Selbstverständlichkeit, als ob es nie etwas anderes gegeben hätte. Der Weg dorthin war aber sehr mühsam und dauerte lange.

Wer mit dem Zeitfaktor arbeitet, ist eindeutig im Vorteil

Dadurch kommen Sie wenigstens nicht in die Enttäuschung. Das ist der schlimmste Part, welchem man sich aussetzen kann, folglich lassen Sie es lieber. Sich selbst wehzutun, ist übel. Das ist sogar dumm und töricht, gleicht einer Selbstzerstörung. Je intensiver Sie Ihre Zeitplanung erledigen, desto souveräner schreiten Sie durch das Leben. Anstatt es Sie Kraft kostet, gewinnen Sie sogar Kraft, das ist weitaus intelligenter.

Geduld bringt Rosen, sagt der Volksmund

Der Volksmund weiß das und hält an diesem Spruch fest. Ja, Sie benötigen in der Tat Geduld und vor allem ein eisernes Durchhaltevermögen. Wenn Sie das zutage legen, geht es Ihnen richtig gut. Sie haben dadurch keinen Stress mehr, können absolut souverän an Ihre Aufgaben gehen und diese mit einer großen Bravour erledigen. Dadurch gelangen Sie ans Ziel Ihrer Träume.

Freuen Sie sich, dass Sie anfangen können

Das ist doch spannend, einen Schritt nach dem anderen zu bewältigen und dadurch ein gewisses, konstantes Tempo an den Tag zu legen. Dann wird Ihnen die Ernte von alleine zuteil werden. Ist das nicht auch erstrebenswert für Sie?

Mir fehlt häufig die Geduld

Sie zählen sich da in bester Gesellschaft, mit den meisten Menschen auf dieser Erde. Ungeduld ist keine Tugend, sondern Dummheit. Es ist ein Zeichen von Schwäche und dies sollten Sie sich nicht geben. Sie schaden sich dadurch am meisten. Sich zu schaden, ist töricht, und macht auf Dauer krank.

Wie bauen Sie Geduld auf

In dem Sie Ihr großes Ziel, endlich zu sich zu stehen, klar, konkret, messbar und unmissverständlich sagen, was Sie wollen und was nie wieder. Das umsetzen, ohne nach rechts oder links zu schauen. In dem Sie Ihr Ziel in kleine zu bewältigende Zwischenziele einteien. Sich belohnen, wenn Sie eine Zwischenetappe erreicht haben. Kaufen Sie sich in einem Pferdebedarfsgeschäft Scheuklappen und setzen diese auf. Gehen Sie unbeirrbar Ihres Weges. Mögen die Leute um sie herum sagen, was sie wollen. Dies schafft für Sie eine wunderbare Brücke, über die Sie sicher drüber laufen können ohne, dass Sie abstürzen oder ins Wanken geraten werden. Ist das nicht genial? Es sind nur diese kleinen Parameter, die es zu beachten gilt und Ihrem Erfolg steht nichts mehr im Wege.

Gehen Sie in die Schriftlichkeit

Es muss für Sie zur Selbstverständlichkeit werden, dass Sie in die Schriftlichkeit gehen. Nie mehr die Dinge alleine im Kopf versuchen zu verarbeiten, oder zu merken. Das ist fatal und hindert Sie frei zu sein. Dafür gibt es Bleistift und Papier. Haben Sie immer ein kleines Büchlein und einen Stift zur Hand. So können Sie sich jederzeit Notizen machen, das kann nachgeschaut und überprüft werden. Die Überprüfung, ob man noch auf dem richtigen Kurs ist, ist ein Meilenstein zum Erfolg. Dadurch hat man zu jeder Zeit die Möglichkeit, kleine Korrekturen sofort vorzunehmen.

Halten Sie jeden Fortschritt fest

Das ist etwas, was die wenigsten beachten und es ist fatal, wenn man dies nicht tut. Hilft es einem doch voranzukommen. Sie kennen jederzeit Ihre Position, können überprüfen, wie viel des Weges Sie bereits gegangen sind und welche Strecke noch vor Ihnen liegt. Denn oft sieht man seine kleinen Erfolge nicht, sondern nur das, was man noch nicht erreicht hat. Fangen Sie sofort damit an, es ist eine kleine Umstellung, mit großer Wirkung.

Führen Sie ein Erfolgstagebuch

Sie kennen doch die Geschichte aus unserem Leben. Sie machen zehn Dinge supergut und eines haut daneben. Womit beschäftigen Sie sich die ganze Zeit? Ist doch logisch, Sie kümmern sich ausschließlich um das Negative. Das beschäftigt permanent aufs Neue, wird fest zum Programm und lässt Ihre Erfolge völlig verblassen.

Erfolge dürfen nie verloren gehen

Das müssen Sie sich aufschreiben und ganz fest merken. Jeder noch so kleine Erfolg ist es Wert, dass Sie ihn festhalten. Ihre Motivation erfolgt ausschließlich über Ihren Erfolg und niemals über den Misserfolg. Denn dieser wirkt im höchsten Maße destruktiv und hindert Sie.

Das ist normal, dass das Negative überwiegt

Das könnte man fast glauben. So normal, weil wir es seit frühester Kindheit gewöhnt sind. Für gute Dinge wurden wir wenig gelobt. Bei schlechten Dingen, da wurde massiv auf uns herumgehackt. Das wurde einem Monate später noch präsentiert. Bei jeder Gelegenheit hat man es rausgeholt.

In der Schule ging es genauso weiter

Sie haben ein Diktat mit 40 Wörtern geschrieben. 36 Wörter waren richtig, vier falsch. Was stand am Ende des Diktates? Vier Fehler und das möglichst noch in rot, damit es sich ja einprägt. Mit dem Diktat ist man nach Hause marschiert und dort war die erste Frage „Und, wie viele Fehler hast du dieses Mal gemacht?“ Anstatt zu fragen „Wie viele Wörter hast du richtig geschrieben?“ Leider läuft die Geschichte aber nicht so ab.

Die Konditionierung auf das Negative

Wer permanent Negatives hört, glaubt es eines Tages selbst. Es wird zum Alltag und man kommt da kaum mehr heraus. Das ist grausam und dies gilt es, unter allen Umständen zu vermeiden. Denn das Leben ist in erster Linie Fülle und Positivismus. Genau da müssen Sie ansetzen. Das ist keine Frage von Lust oder Unlust, sondern ein absolutes Muss.

Führen Sie ab sofort Ihr Erfolgstagebuch

Vielleicht haben Sie als Kind damals ein Tagebuch geführt. Führen Sie das wieder ein und schreiben Sie alle erfolgreichen Elemente auf. Mögen es noch so winzige Geschehnisse sein. Sie sind genauso wichtig, wie die Großen, denn das gibt Ihnen ganz viel Kraft.

Führen Sie Ihr Erfolgsbuch täglich

Es nützt nichts, alle Schaltjahre mal in Ihr Erfolgsbuch zu schreiben. Täglich sichert Ihnen die nötige Power und Kraft, welche Sie benötigen. Daraus werden Sie jederzeit schöpfen und viel weiter kommen, als wenn Sie nichts machen.

Nicht nur schreiben, sondern auch täglich lesen

Beten Sie es permanent runter, Wiederholung schafft Wirklichkeit. Wichtig ist, dass Sie es laut und deutlich vorlesen. Dadurch haben Sie den doppelten Effekt. Einmal sehen Sie es vor Augen und hören es auch im gleichen Augenblick. Das schafft unendliche Power, Motivation und tiefe Verankerung in Ihr Unterbewusstsein.

Am Anfang werden Sie sich vielleicht blöd vorkommen

Sie werden vor dem leeren Blatt Papier sitzen und es wird nichts aus der Feder fließen. Oder Sie fangen an darüber nachzudenken und dann wird es erst recht schwierig. Da geht es in der Regel unverzüglich in die berühmte Zensur und das ist meistens der Anfang vom Ende.

Es gibt nichts Lächerliches

Darüber sollten Sie sich im Klaren sein und darum lohnt es sich wirklich, alles, aber wirklich alles aufzuschreiben. Sie kennen doch die berühmte Aussage

„Auch Kleinvieh gibt Mist!"

Und eine große Geschichte setzt sich immer aus vielen kleinen Bausteinen zusammen. Geben Sie sich heute noch die Chance.

Sie gewöhnen sich daran

Das ist der schönste Moment, wenn es zur absoluten Selbstverständlichkeit wird. Sie überhaupt nicht mehr anders können. Es läuft wie von Geisterhand. Wenn Sie einen Tag nicht schreiben, geht es Ihnen nicht gut. Es ist wie ins Bett gehen, ohne die Zähne geputzt oder sich gewaschen zu haben.

Permanente Wiederholung schafft Wirklichkeit

Prägen Sie sich diesen Satz tief in Ihr Inneres ein, genau um das geht es, immer wieder alles wiederholen. Je öfters Sie dies tun, desto besser geht es Ihnen damit. Desto mehr Erfolg können Sie Ihr eigen nennen. Nur eben anfangen, müssen Sie schon dabei. Nicht hoffen, nie mehr hoffen, sondern aktiv ins Handeln kommen.

Wie oft muss ich es wiederholen

Bei dieser Frage muss ich schmunzeln. So oft, bis es funktioniert, es keine andere Alternative mehr gibt. Bis alles klar ist, Sie endlich Ihr angestrebtes Ziel erreicht haben. Geben Sie niemals zu früh auf, denn in der permanenten Wiederholung liegt die Kraft.

In der Ruhe liegt die Kraft

Ich weiß, diese Aussage kennen Sie bestimmt zur Genüge, ohne geht es aber nicht. Wenn Sie nicht souverän bleiben, haben Sie verloren. Zu verlieren, ist nicht gerade eine erbauende Angelegenheit. Darum sollten Sie sich in keinster Art und Weise damit befassen. Das muss für Sie absolut inexistent sein. Ein sogenanntes „No go!“ Hier einige der Parameter dazu

- Durchhaltevermögen
- Besessenheit
- Nie aufgeben
- Überdurchschnittliche Leistung
- Just do it
- Learning by doing
- Unbeirrbar
- Eisern

Durchhaltevermögen

Dies zeichnet Erfolgreiche aus, ein unendliches Durchhaltevermögen an den Tag zu legen. Sie gehen da durch, halten es aus und am Ende erreichen Sie das Vermögen. Jetzt kommt spätestens hier Otto Normalbürger und meint mit leicht jaulender Stimme und verziehender Miene „Ja, Geld ist doch nicht alles!“ Richtig, aber ohne ist alles nichts. Das wäre Punkt eins, es geht jedoch um viel mehr, um einen Zuwachs an Wissen und Können, das ist durch nichts zu ersetzen.

Besessenheit

Nicht ein frommes, lauwarmes Wünschlein an den Tag zu legen. Sondern die feste Besessenheit, die Power es zu erreichen. Hier klar, konkret, messbar und unmissverständlich nach dem Motto

„Komme was da wolle!“

Diese Aussage finde ich treffend. Egal was kommt, unabhängig davon, was passiert. Man zieht es mit einem Eifer, einer Eleganz durch. Nie mehr zurückschauen, sondern vorne spielt die Musik und genau dort geht es hin.

Nie aufgeben

Das Wort „Aufgeben“ ist total aus dem Vokabular gestrichen worden. Es wird nicht aufgegeben, komme was da wolle. Man zieht es bis zur Erreichung der Ziele durch. Alles andere ist doch Selbstmord auf Raten. Dazu hat ein Erfolgreicher definitiv keine Zeit und keine Lust.

„Wer aufgibt – hat verloren!“

Das ist grausam, finden Sie nicht auch? Möchten Sie verlieren? Bitte nein, niemals. Es ist schlicht und einfach nicht existent, ein Ding der Unmöglichkeit. Es wäre beschämend sich selbst gegenüber, folglich tut man sich das niemals an.

Überdurchschnittliche Leistung
Das gilt es zu beachten, viele Menschen gehen lasch an neue Unternehmungen dran. Mit ein wenig probieren und rumbasteln, gelangt man nicht zum gewünschten Erfolg. Das ist so blöd, derart unterwegs zu sein, es braucht vollstes Engagement. Als Erfolgreicher ist es keine Frage, dass man ein Maximalist ist und dem Minimalismus den Rücken zugewandt hat.

Just do it
Ja, tue es, ohne lange zu überlegen. Wer überlegt, hat verloren. Natürlich heißt das, dass man nicht kopflos ins Geschehen hüpft. Klar macht man sich ein paar Gedanken, danach geht es aber sofort an die Umsetzung.

„Tue es einfach!"

Das ist die Devise, tun und nicht warten. Du kannst nur an Erfahrungen und Lebensesprit gewinnen. Das ist unendlich wertvoll, wenn man sich endlich auf den Weg macht. Die Erfahrung wächst auf alle Fälle.

Learning by doing
Lernen mit „Machen und Tun." Theoretiker haben bereits im Vorfeld verloren. Diese zeichnet eines aus, die ewigen Ja-aber Storys nennen sie ihr eigen. Das ist für sie ein großes Thema, in dem sie sich gerne baden. Die Resultate daraus sind hinlänglich bekannt. Nur wer permanent lernt und es umsetzt, kommt voran.

Unbeirrbar
Sich auf seinem Weg nicht beirren lassen, ist die Kraft, welche sich hier auftut. Sich nicht bange machen lassen, von den Schnarchis, die den Wegesrand säumen und Ihnen zurufen „Hey, du läufst in die falsche Richtung." Das interessiert nicht im Geringsten. Man weiß haargenau, was man will und dies wird strikt verfolgt. Diese Eigenschaft sollten Sie sich zu eigen machen, wenn Sie hundert-

prozentig in Ihrem Leben etwas verändern möchten. Es erleichtert es, bringt neue Lebensfreude und viel mehr Elan und Spaß.

Eisern

Eisern dran bleiben, hart wie Stahl, das führt zwangsläufig zum gewünschten Erfolg. Ist das nicht gigantisch? Dies kann gar nicht verhindert werden. Die meisten Menschen sind jedoch zu weich und geben zu früh auf.

Das ist eine Übersicht

Natürlich gibt es noch weitere Feinheiten, die dazu kommen. Viele meinen, es bräuchte nur eine Geschichte und dann würde es laufen. Am liebsten natürlich Glück, das wäre traumhaft. Vergleichen Sie es mit einem wunderbaren Kuchen, dazu benötigt man mehrere Zutaten, die letztlich das Werk entstehen lassen. Es ist niemals eine einzige Zutat.

Es funktioniert nicht

Bei dieser Aussage muss ich dagegen halten und fragen „Ja, wie oft hast du es gemacht?“ Dann kommt meist „Sehr oft!“ Bei genauerem Betrachten reduziert sich das schnell auf eins, zwei, höchstens drei Mal. Was soll daraus entstehen können? Denken Sie einmal darüber nach, wo würden Sie heute in Ihrem Leben stehen, wenn Sie alles nur ein wenig gemacht hätten?

Weiter, weiter, weiter, weiter

Es gibt für Sie nur eines, weiter, weiter und nochmals weiter. Ich weiß, ich wiederhole mich. Es ist jedoch von großer Wichtigkeit, dass Sie das checken, es für alle Zeiten begreifen. Sonst wird aus Ihrer Veränderung leider nichts.

Stehen Sie zu Ihren Worten

Wenn Sie etwas sagen, ist das Faktum. Da können Sie sich auf sich verlassen und wissen eines, dass es zum Tragen kommt, nicht sowohl als auch. Das muss aus Ihrem Vokabular gestrichen werden, denn damit lässt man sich ein Hintertürchen offen.

Es funktioniert immer

Das tut es aber nur, wenn Sie eisern dran bleiben. Tag für Tag bewegen Sie sich auf dem Weg eines Meisters. Wenn dabei auch wochen- oder monatelang kein Fortschritt zu erkennen ist. Sie bleiben dran und haben den unerschütterlichen Glauben, dass das Saatgut aufgehen wird. Eines sei Ihnen gewiss, es geht auf und dies ist das Wundervolle daran.

Ihre Freude ist riesig, wenn Sie es geschafft haben

Es ist gigantisch, wenn Sie Ihr Ziel erreicht haben. Wem werden Sie es sagen? Schreiben Sie all die Leute auf, wieso Sie das tun und wann es losgeht. Das Einzige was Sie dazu benötigen, ist Mut, ohne diesen werden Sie nicht anfangen. Das können und dürfen Sie sich definitiv niemals mehr leisten.

Wem sagen Sie es endlich?	Wieso?	Wann?
1.) ____________	____________	____________
2.) ____________	____________	____________
3.) ____________	____________	____________
4.) ____________	____________	____________
5.) ____________	____________	____________
6.) ____________	____________	____________
7.) ____________	____________	____________
8.) ____________	____________	____________
9.) ____________	____________	____________
10.) ____________	____________	____________

Fühlen Sie sich im Vorfeld besser oder wirkt es belastend? Bekommen Sie womöglich Angst, weil es für Sie unangenehm ist? Hier sollten Sie ehrlich zu sich sein. Denn in der Theorie ist alles leicht. Wenn es aber an die berühmte Umsetzung geht, wird es schwer, da schnürt es einem oft die Kehle zu. Das ist der Moment, wo man gerne abhauen würde. Sie haben aber „A“ gesagt und dann ist es die logische Schlussfolgerung, dass ein „B“ folgt.

„Wenn nicht jetzt – wann dann bitte?“

Sagen Sie sich das immer und immer wieder. „Jetzt ist der günstigste Augenblick gekommen!“ Glauben Sie mir, es wird nie wieder so gut, wie im Moment. Wenn Sie sich das permanent vorsagen, gewinnen Sie daraus Kraft und Energie. Es führt Sie in eine völlig neue Dimension hinein. Anfangen schafft Wirklichkeit. Jetzt reduzieren Sie es auf die drei Personen, wo Sie der Überzeugung sind, dass es diese zuerst sein müssen. Lassen Sie sich keine Alternative offen. Sie müssen brennen, es endlich tun zu können.

Wem sagen Sie es endlich?	**Wieso?**	**Wann?**
1.) ____________________	________________	____________
2.) ____________________	________________	____________
3.) ____________________	________________	____________

Ist es für Sie konkreter geworden, klarer, durchsichtiger, sicherer, dass Sie mit gutem Gewissen sagen können

„Wow, auf diesen Moment habe ich mein halbes Leben gewartet. Endlich wird es Wirklichkeit!“

Wissen Sie, wie gigantisch das ist? Wie genial und kraftspendend? Sie möchten nie wieder zurück. Es gibt für Sie nur ein „Vorne“ und das war es. Eine Dimension, die Sie noch nie kannten. Weg von allen Konventionen, in die völlige Freiheit. Losgelöst von der Schwere und Unübersichtlichkeit, des täglichen Lebens. Ich freue mich riesig für Sie, wenn Sie diesen Schritt endlich gehen. Sie werden wirklich ein total anderer Mensch. Ihr Leben gewinnt dadurch immense Qualität. Sie werden über sich selbst begeistert sein, mögen da auch komische Gedanken hochkommen wie

„Was werden die anderen sagen?“

Das ist doch egal, was die anderen sagen. Es ist wichtiger, dass Sie endlich zu Ihrem Frieden gelangen, es Ihnen richtig gut geht. Endlich Ihr selbstbestimmtes Leben leben. Es ist das Größte, was ein Mensch überhaupt erreichen kann. Jetzt reduzieren Sie es auf die brennendste Person, auf den Menschen, wo Sie es kaum abwarten können. Wer ist das?

Wem sagen Sie es endlich? Wieso? Wann?

1.) ______________________ __________________ ______________

Ich finde es klasse, dass Sie sich bis hierher vorgearbeitet haben, genial und super. Besser hätten Sie es nicht machen können. Sollte nebst der Freude auch eine gewisse Angst aufsteigen, eliminieren Sie diese sofort. Verbannen Sie die Angst dorthin, wo sie hingehört, ins berühmte Nirvana. Jegliche Form von schlechten Gedanken müssen Sie sofort mit guten ablösen. Sie dürfen keine einzige Sekunde zögern. Niemals darin baden, denn das kostet Sie sofort Kraft und hindert Sie an Ihren Zielen weiterzuarbeiten.

Sie brauchen keine Angst zu haben, denn die Belohnung, welche Sie dafür erhalten, ist gigantisch. Zu groß, zu mächtig, viel zu einmalig. Daran müssen Sie denken und in diesem Falle bewusst „müssen." Das hat nichts mit mal schauen oder Sonstigem zu tun.

Ihr Fazit: ____

Lassen Sie es Wirklichkeit werden

Deutsch ist eine wundervolle Sprache. Im Wort Wirklichkeit ist das Wirken enthalten. Dass es auf Sie wirkt, Sie beseelt, Sie packt, einfach mitreißt, genau um das geht es. Die Wirkung, die Sie durch Ihr Verhalten erzielen.

Welche Wirkung hätten Sie gerne

Haben Sie sich darüber jemals Gedanken gemacht? Wohl kaum, denn so geht es über 97% - 98% der Menschen. Sie leben in den Tag hinein und hoffen, dass Sie einigermaßen durchs Leben kommen. Was ist denn das für eine komische Ausgangsbasis, ist das erstrebenswert? Das kann und darf man niemals so stehen lassen.

Permanente Wiederholung schafft Wirklichkeit

Das ist das Erschreckende daran. Durch das permanente Wiederholen, werden die Programme fest abgespeichert. Das geht so lange, bis nichts mehr geht. Das ist fatal und ungesund, soweit sollte man es nie kommen lassen. Da heißt es klar, frühzeitig dagegen zu halten, nie dahin zu gelangen, dass man nichts im Griff hat.

Alle Erziehungsberechtigten sind wahre Meister

Wenn ich da an meine Eltern denke. Bis zum jüngsten Tag versuchten diese, mir permanent ihre Welt einzuverleiben. Deswegen muss ich sie ab und an darauf hinweisen, dass die Erziehung abgeschlossen ist. Die Eltern waren die Ersten, danach die Lehrer. Auch nicht super, was diese zu berichten hatten. Ich bin meinen Lehrern dankbar, dass sie mir Schreiben, Rechnen und Lesen beigebracht haben, natürlich auch andere Dinge. Manchmal muss ich mich dennoch fragen, wozu es gedient hat. Freunde haben auch mitgewirkt, dann später der oder die Partner.

Jetzt schaffen Sie endlich permanente Wiederholung

Ab sofort drehen Sie den Spieß um und lassen sich von niemandem in irgendeiner Form, in irgendeine Richtung schieben, oder sogar manipulieren. Schluss damit, jetzt nehmen Sie das Zepter in Ihre eigenen Hände.

Geprägte Glaubenssätze steuern uns intensiver als gedacht

Darüber sollten wir uns im Klaren sein. Das Fatale daran ist, wir suchen die Gefahr meist im Äußeren. Dabei liegt die größere Gefahr in unserem Inneren. Wir werden permanent aus der eigenen Quelle manipuliert, drangsaliert, klein gehalten. Das ist kein schöner und erbauender Zustand. Diesen gilt es sofort abzustellen und zu eliminieren.

Welche Wirklichkeit hätten Sie gerne

„Ich würde ja schon gerne!" Wie oft wird diese Aussage getroffen, man würde gerne und dennoch erfolgt nichts. Man bleibt wie erstarrt und hofft, dass es werden wird. Eines hat sich dabei gezeigt, nichts wird werden. Da können Sie lange lange warten. Solange Sie nicht wissen was Sie wollen, werden Sie immer ein Problem haben und das ist schade.

Wirklichkeit gleich Wirkung

Die Wirkung auf sich selbst und auf andere Menschen, ist das Thema. Darüber sollte man sich im Klaren sein, wie diese ausschaut. Denn jeder Gedanke hat die Eigenschaft sich zu verwirklichen, das kann man nicht verhindern. Auf jeden Gedanken folgt postwendend ein Gefühl und die Resultate.

Schreiben Sie genau auf, welche Ihre Wirklichkeit ist

Nicht die der anderen und dies ist das Problem. Wir sind uns in der Regel nicht über unsere Wirkung bewusst. Das macht es gefährlich und unkalkulierbar. Da heißt es aufpassen, denn Selbstsabotage ist nicht intelligent. Schreiben Sie nun explizit Ihre Wirklichkeit auf. Wieso das so ist. In der Begründung liegt die Erkenntnis, das Verstehen und das Umsetzen können. Ich kann aber nur das neu gestalten, was ich auch imstande bin zu begreifen.

Ansonsten bleibt alles beim Alten, wie so häufig im Leben. Genau aus diesem Dilemma, heißt es rauszutreten und sich eine neue Form des Daseins zu erschaffen. Nicht über Nacht, in einer Hauruck-Aktion, jedoch in der Kontinuität. Auch bis wann damit angefangen wird. Das ist dringlich, sonst bleibt es beim frommen

Wünschlein und dies ist entschieden zu wenig. Diesen Zustand hatten wir doch schon oft genug.

Welche Wirklichkeit ist Ihre?	**Wieso?**	**Ab wann?**
1.) ______________________	______________	________
2.) ______________________	______________	________
3.) ______________________	______________	________
4.) ______________________	______________	________
5.) ______________________	______________	________
6.) ______________________	______________	________
7.) ______________________	______________	________
8.) ______________________	______________	________
9.) ______________________	______________	________
10.) ______________________	______________	________

Wie ist es für Sie? Wie gehen Sie damit um? Wie weit sind Sie davon entfernt? Das ist die große Frage, denn daraus leiten die Menschen sofort ab, dass es sich nicht lohnt. Hier muss entschieden dagegen gehalten werden. Es lohnt sich immer, solange man lebt, heißt es weiter machen. Ohne nur eine einzige Sekunde zu zaudern oder zögern. Denn das sind die größten Hemmschuhe auf dem Weg in ein freies und unabhängiges Leben. Ihr Ziel endlich zu sich zu stehen und klar, konkret, messbar und unmissverständlich zu sagen, was für Sie wichtig ist und was nicht. Dazu zu stehen, ohne nur einen Funken schlechtes und oft von außen injiziertes Gefühl haben zu müssen. Das lassen Sie ab sofort außen vor, denn das hat mit Ihnen nichts zu tun. Jetzt reduzieren Sie es auf die drei Bereiche, wo Sie mit gutem Gewissen sagen können „Ja, das ist meine Wirklichkeit, das will ich und hole ich mir!"

Welche Wirklichkeit ist Ihre?	**Wieso?**	**Ab wann?**
1.) ____________________	______________	________
2.) ____________________	______________	________
3.) ____________________	______________	________

Sie kennen es ja bereits, man kann in der Tat nie genug nach den Gefühlen fragen. Diese sind das Wichtigste, sind sie doch Antrieb und Motivator. Wenn das Gefühl nicht stimmt, fehlt die Power es durchzuziehen. Und es zu tun, schafft eben die neue, Ihre erträumte Wirklichkeit. Die hat dann die Chance Gestalt anzunehmen. Kommen wir zum Finale. Wie schaut es damit aus?

Welche Wirklichkeit ist Ihre?	**Wieso?**	**Ab wann?**
1.) ____________________	______________	________

Sie können stolz auf sich sein. Sie haben es geschafft, die Fragen zu beantworten und nach vorne zu kommen. Jetzt heißt es nur noch, in die Tat umzusetzen. Tag für Tag, mit einer eisernen Disziplin daran zu arbeiten. Ohne Hoffnung, dass es wird, sondern in der absoluten Gewissheit, dass alles sich zur Tatsache mutiert, was man sich im Geringsten vorstellt. Wenn es bewusst geschieht, ist es wie, wenn man die fesselnden Ketten sprengt.

Ihr Fazit: ______________________________________

Positionierung und Image

Von Ihrer Positionierung hängt Ihr Image ab. So einfach ist das und dennoch tun sich viele schwer damit. Man hätte gerne einige Dinge und ist aber nicht bereit, sich auf den Weg zu machen, Einsatz zu bringen. Das ist verrückt, derart unterwegs zu sein. Denn dadurch schädigt man sich selbst am meisten. Das kann aber nicht der Lebensinhalt sein.

Ich hätte gerne

Wenn Sie es wirklich gerne hätten, machen Sie sich auf den Weg und legen eine riesige Meisterleistung an den Tag. Wenn nein, vergessen Sie es schlicht und einfach. Dann hören Sie sofort auf zu jammern, begraben Sie unverzüglich jede Idee und jeden Wunsch. Aus und vorbei, so bleibt eben alles, wie es ist.

Ohne zu tun, tut sich nichts

Nochmals zur Wiederholung, ohne zu tun, tut sich auch nichts. Da können Sie tun was Sie wollen, vergessen Sie es. Schrauben Sie sofort alle Vorstellungen auf null herunter. Dann erhalten Sie endlich Ihre gewünschte Ruhe und den Frieden. Sollte jedoch etwas vorhanden sein, eine andere und größere Dimension, müssen Sie aufwachen und Vollgas geben.

Wie gelangen Sie zur richtigen Positionierung

Das ist häufig die berühmte Frage. Bevor man dahin gelangt, ist es wichtig überhaupt zu wissen, was man anstrebt, das ist der erste Schritt. In welche Position möchten Sie sich bringen? Das hat nichts mit etwas Bauchgefühl zu tun. Das ist intensive Arbeit, mit allem Drum und Dran, erst das schafft Wirklichkeit.

Halten Sie Ihre Positionierungswünsche fest

Es geht nur über die Schriftlichkeit, es gibt keine andere Chance. Was man schwarz auf weiß sehen kann, ergibt die Möglichkeit, es zu planen und dann an die Umsetzung zu gehen. Achten Sie daauf, dass Sie mindestens 10 Positionierungswünsche aufschreiben. Das gibt Ihnen die Erleichterung der Auswahl, der für Sie wichtigsten Wünsche. Dazu kommt, wieso das so ist. Ohne das man den Grund kennt, wieso etwas so ist, wird sich nichts tun. Es geht um die Motivation und in diesem Wort ist das Motiv enthalten.

Man benötigt immer ein Motiv, damit man sich überhaupt in Bewegung setzt. Sonst ist es bereits in den Anfängen zum Scheitern verurteilt. Schreiben Sie auch auf, seit wann Sie diesen Wunsch in sich verspüren. Es ist faszinierend, wie solche Dinge oft Jahre oder sogar Jahrzehnte in einem schlummern und nie richtig geweckt werden. Sie sind aber latent da und haben dadurch die Eigenschaft, eine gewisse Unzufriedenheit an den Tag zu legen. Das ist fatal und vermindert die Lebensqualität. Das wollen Sie doch sicherlich nicht?

	Positionierungswünsche?	**Wieso?**	**Seit wann?**
1.)	______	______	______
2.)	______	______	______
3.)	______	______	______
4.)	______	______	______
5.)	______	______	______
6.)	______	______	______

7.) ______________________ __________________ ______________

8.) ______________________ __________________ ______________

9.) ______________________ __________________ ______________

10.) _____________________ __________________ ____________

Wie ist es für Sie? Für mich war es damals schrecklich, als ich es gemacht hatte. Ich war wütend, zornig und traurig auf mich. Wieso konnte ich nur so halb blind durchs Leben schreiten, habe kostbare Lebenszeit für Nichtigkeiten verbraten? Ich stand wie der berühmte Ochse vor dem Berg. Unfassbar, dass es soweit kommen musste. Aber ich habe dann schnell begriffen, es nützt mir alles nichts, es war, wie es war. Ich konnte nur nach vorne schauen und darauf achten, dass ich ab sofort eine Meisterleistung an den Tag lege. Ab nun mein Leben entsprechend in den Griff bekomme und niemals auf ein Wunder hoffe, dass da kommen möge. Wie fühlt es sich für Sie an? Reduzieren Sie es nachfolgend auf die drei wichtigsten Positionierungswünsche.

Positionierungswünsche? Wieso? Seit wann?

1.) ______________________ __________________ ______________

2.) ______________________ __________________ ______________

3.) ______________________ __________________ ______________

Wie ist es jetzt, wo Sie es schwarz auf weiß haben? Geht es Ihnen ein wenig besser, oder beschleicht Sie die Angst, wie Sie da jemals hinkommen werden? Alles ist möglich, für den, der es erkannt hat und tatsächlich will. Jetzt finden Sie Ihren größten Hauptwunsch heraus.

Positionierungswünsche? Wieso? Seit wann?

1.) _______________________ __________________ _____________

Sie sind am Ziel angelangt. Denken Sie bitte nicht an die viele Arbeit, welche auf Sie warten wird. Genauso wenig wie an die Probleme, die zutage treten werden. Dies ist im Moment völlig uninteressant. Nehmen Sie sich immer einen Schritt nach dem anderen vor. Dadurch schaffen Sie auch Ihre Positionierung derart an den Tag zu legen, dass es mit Ihnen konform geht.

Ihr Fazit: ____

Ihr Image aus der Positionierung

Wie Sie sich positionieren, das ist Ihr Image. Dies ist der normale Weg und den begreifen und verstehen die meisten Menschen leider nicht. Für viele ist es absolut unverständlich, dass man dermaßen durch die Welt geht. Das ist fatal und dumm, solch ein Szenario an den Tag zu legen. Wie viel Selbsttäuschung verbirgt sich da. Es ist sträflich, wenn man sich selbst so täuscht.

Ich hätte gerne ein anderes Image

Das höre ich häufig und dennoch tun die wenigsten etwas dafür, dass es sich ändert. Da wird lieber gehofft, gebetet, gejammert, gezittert und Sonstiges, aber das nützt natürlich nichts. Ein Image verleibt man sich selbst ein. Darüber muss man sich im Klaren sein. So wie Sie sich verhalten, nach außen hin geben, werden Sie von Ihrer gesamten Umwelt wahrgenommen. Alles andere ist ein reiner Trugschluss.

Sie sind der Einzige, der sein Image verändern kann

Seien Sie sich dessen bewusst. Wenn Sie warten, dass die anderen im Äußeren Ihr Image ändern, können Sie lange warten oder sogar vergeblich. Dies liegt außerhalb Ihres gesamten Kontrollbereiches. Möchten Sie das tatsächlich? Ich kann es mir nicht vorstellen, in keinster Art und Weise. Folglich arbeiten Sie ganz intensiv an Ihrem Image.

Wer wartet, hat im Vorfeld verloren

Lieben Sie es zu verlieren? Sind Sie ein Verlierertyp? Ich bestimmt nicht und da bin ich mir hundertprozentig sicher, Sie auch nicht. Aber in der Warteposition zu verharren, schafft keine neue, erfreuliche Wirklichkeit und genau um die geht es. Sie alleine sind das Maß der Dinge und niemand anderes. Folglich packen Sie es an. Nehmen Sie Ihr Leben fest in Ihre Hände und machen daraus eine gigantische Meisterleistung, sodass Sie unendlich stolz auf sich sein können.

Ihre Wirkung ist Ihr Image

Sie wirken immer, überall und zu jederzeit. Das ist unglaublich, wenn man sich dessen erst bewusst wird. Immer, zu jederzeit und überall zu wirken, ist heftig. Das sollten Sie sich stets vor Augen halten und daran denken. Darum ist es wichtig, hundertprozentig hinzuschauen und genau aufzupassen.

„Sind Sie der Designer Ihres Lebens!“

Verändern Sie ab sofort Ihr Image

Sie und niemand anderes, können Ihr Image verändern. Aber dazu müssen Sie wissen, wie und wo die Musik genau spielt, wie es läuft und wohin die Reise geht. Das Leben ist per se ein Spiel. Ein wunderschönes, harmonisches Spiel und es wird jeden Tag neu gespielt, die Musik neu aufgelegt und los geht es. Wie Sie Ihr Instrument spielen und beherrschen, so werden Sie von Ihrem Umfeld wahrgenommen und behandelt.

Verändern Sie es nur, wenn Sie wissen wohin

Das ist dringlich, exakt zu wissen, in welche Richtung Sie sich verändern möchten, wo Ihr Weg hingehen soll. Es gibt wie immer Tausende von Möglichkeiten und Chancen. Sie haben die freie Wahl, aber Sie müssen wählen. Das ist alles, je schneller und früher Sie wählen, desto besser geht es Ihnen. Dadurch kommen Sie Ihren Zielen ein großes Stück näher. Ist das nicht traumhaft und gigantisch?

Finden Sie Ihren Weg

Das ist die nächste nette Geschichte. Ihr Weg ist die Einmaligkeit für Sie. In welche Richtung möchten Sie sich bewegen? Wohin soll Ihre Reise führen? Was ist für Sie wichtig oder gänzlich unwichtig? Je genauer Sie sich auskennen und Bescheid wissen, desto leichter geht es Ihnen von der Hand. Dadurch treffen Sie ohne Angst Entscheidungen, die Sie weiter bringen.

Das Ganze hat nichts mit Schicksal zu tun

Ein häufig gespieltes Spiel, ist das Spiel des Schicksals. Selbst ist man in Ordnung, aber die anderen Menschen. Man leidet darunter und würde gerne einige Dinge ändern oder sogar sofort canceln. Aber die böse Umwelt beschränkt und reduziert das Ganze sichtlich brutal. Das ist eine unmögliche Situation und blockiert einem immer wieder aufs Neue. Man fühlt sich dabei häufig wie gefangen und letztlich sogar verloren.

Es ist nicht die Gesellschaft, Sie sind es

Tragen Sie ab sofort für Ihr gesamtes Leben die alleinige Verantwortung. Sie sind es, der das Schicksal in der eigenen Hand hat, alles verändern kann oder so lässt, wie es die ganze Zeit war. Sie haben zu jeder Zeit alle Möglichkeiten, die sich bieten, nutzen Sie diese unbedingt.

Tragen Sie Verantwortung

Wenn Sie das begriffen haben, geht es Ihnen um Welten besser. Dann sind Sie der alleinige Meister Ihres Lebens und das ist das Schönste, was man jemals erreichen kann. Es ist das größte Geschenk, welches Sie sich machen können. Kein anderes Geschenk hat diese großartige Wertigkeit für Sie.

Im Wort Verantwortung ist die Antwort enthalten

Das ist doch klasse, wenn man sich dies auf der Zunge zergehen lässt. Sie finden für alles eine passende Antwort und dies ist das Großartige daran. Sie müssen nie wieder im Außen suchen, sondern finden alles tief in Ihrem Inneren verborgen. Bergen Sie diesen traumhaften, wertvollen Schatz. Es ist solch ein Potenzial vorhanden, das Sie normalerweise zeitlebens nie entdecken würden.

Verantwortung für alles

Die meisten spielen gerne das Spiel des Schuldigen suchen. Das ist die dümmste Variante, die man sich aussuchen kann. Diese führt ohne Umwege direkt ins Abseits. Ist es das, was Sie tatsächlich wollen? Schenken Sie sich diese Form für alle ewigen Zeiten. Das darf nie mehr Bestandteil Ihres Lebens sein. Wenn einer an dem Dilemma schuld ist, sind es Sie und niemals eine andere Person. Das sollten Sie sich auf die Fahnenstange schreiben.

Stehen Sie zu sich

Das ist der nächste Aspekt. Ab sofort und für alle Zeiten zu sich zu stehen. Das ist phänomenal, großartig und spannend, es macht unendlich frei. Das ist sensationell, was mit Ihnen da geschieht. Sie erleben dadurch eine völlig neue Dimension, die in dieser Art noch nie da gewesen ist. Wichtig ist dabei sich zu leben und glücklich zu sein.

Es ist nicht leicht, zu sich zu stehen

Vor allem, wenn man einige Vorbilder sein eigen nennt. Da es nur wenige Menschen gibt, welche zu sich stehen, haben wir zeitlebens weitaus mehr andere Vorbilder gehabt. Menschen, die anderen permanent die Schuld geben, immer alles richtig machen, sich nie einer Schuld bewusst sind. Das war die Größenordnung, mit denen diese durchs Leben spaziert sind. Wir haben hiervon viel mit- und aufgenommen. Das hat uns geprägt, ist das nicht fatal, dies erkennen zu müssen?

„Wer andern die Schuld gibt, gibt ihnen die Macht über sein Leben!"

Die alten Verhaltensmuster dank Erziehung

Klar doch, was denn sonst. Als kleines Baby auf die Welt gekommen, blieb uns nur eines übrig, die Eltern vollends zu akzeptieren und anzunehmen. Wir hatten keine andere Chance, sonst wären wir verhungert. Sie waren und sind teilweise heute noch unsere Vorbilder, welche wir permanent in uns tragen. Später kamen als prägende Elemente Freunde, Erzieherinnen, Lehrer, Partner, Kollegen, der Chef und weitere Personen dazu.

Zu viele Verhaltensmuster

Oft sind es zu viele Verhaltensmuster, die mitspielen. Das ist echt verrückt, wenn man sich dessen bewusst ist, was da abgeht. Das bedeutet für uns in jeder Hinsicht, eine massive Einschränkung in der persönlichen Freiheit. Denn die meisten Muster zeichnen sich in erster Linie durch Enge aus.

Freiheit ist jedoch niemals Enge

Darüber sollten wir uns im Klaren sein. Freiheit bedeutet, frei in seinem gesamten Denken und Handeln zu sein. Ohne irgendeine Konvention oder Einschränkung. Genau das haben wir aber selten gelernt, es wurde uns beigebracht, klein zu bleiben und angepasst. Solange wir dieses Verhalten an den Tag gelegt haben, war alles in Ordnung. Haben wir uns davon entfernt, drohte uns sofort der berühmte Liebesentzug.

Schreiben Sie die alten Verhaltensmuster auf

Womöglich denken Sie, nicht schon wieder schreiben. Ich habe keine Lust auf die Schreiberei, das tut mir nicht gut. Dies kann ich nachvollziehen, dass Sie keine große Freude an den Tag legen. Es ist nicht schön, permanent damit konfrontiert zu werden, eher schrecklich und grausam. Deswegen ist es besser und schöner, frei zu sein. Dies wird man aber nur, wenn man sich mit der Thematik auseinandersetzt. Im „Hier und Jetzt“ lebt und somit nie wieder etwas verschiebt.

	Meine Verhaltensmuster?	**Wieso?**	**Seit wann?**
1.)			
2.)			
3.)			
4.)			
5.)			
6.)			
7.)			
8.)			
9.)			
10.)			

Als ich meine Punkte angeschaut habe, war mir fast schlecht. Ich fand es schlimm und ätzend, konnte es nicht begreifen. Es war für mich förmlich unfassbar, auf was ich mich da eingelassen habe. Das wurde mir immer mehr bewusst. Schlimm war auch, dass ich es damals nicht gecheckt habe. Ich habe das Ganze sogar mitgemacht und es als das normalste auf dieser Erde angesehen, gerade das macht es fatal. Wie kann man nur dermaßen blöd, um nicht zu sagen, ganz blöd durch die Welt gehen? Ich hatte keine Erklärung, außer ich hätte wieder Schuldige gesucht. Davon hatte ich einige an der Hand, das war nicht das Problem, nicht mein Thema. Also blieb mir wirklich nur eines übrig, mich selbst an der berühmten Nase zu nehmen und zu sagen „Tja, mein lieber Ernst, da hast du dir etwas eingebrockt. Jetzt sieh zu, dass du da schnell wieder raus kommst!"

Wie Sie unschwer erkennen können, es ist nicht gerade unbedingt eine schöne Aufgabe, der wir uns stellen. Es ist eher unangenehm und am liebsten würden wir darüber nichts hören wollen. Es ist uns lästig und dennoch allgegenwärtig. Also packen wir es an und stellen uns den Gegebenheiten. Freuen wir uns darauf, dass wir es überhaupt zeitlebens erfahren dürfen.

Stellen Sie sich vor, Sie hätten diese Erkenntnisse erst im hohen Alter gewonnen. Zu wissen, dass man sich in der Zielgeraden des Lebens befindet und es bald gelaufen ist, aus und vorbei. Also seien Sie froh, es gecheckt zu haben und ziehen Sie es zügig durch. Reduzieren Sie nachfolgend das Ganze auf Ihre drei schlimmsten Programme.

Meine Verhaltensmuster?	**Wieso?**	**Seit wann?**
1.) ____________________	________________	____________
2.) ____________________	________________	____________
3.) ____________________	________________	____________

Drei der tragenden Säulen in Ihrem Leben. Womöglich sind Sie es immer noch nicht gewohnt, dass man auf Ihr Empfinden derart stark eingeht. Dennoch ist es der wichtigste Teil in Ihrem Leben.

Sie sind und bleiben die tragende Säule. Niemand anderes als Sie kann alles in die eigenen Hände nehmen, es verändern oder so lassen, wie es ist. Sie haben die freie Wahl, das finde ich faszinierend und dann diese auch zu nutzen. Nun reduzieren Sie es auf Ihren Hauptpunkt.

Meine Verhaltensmuster?	**Wieso?**	**Seit wann?**
1.) ____________________	________________	____________

Am Ziel angelangt, wie ist es für Sie? Was denken Sie? Schrecklich und grausam oder wunderschön, es ein für alle Mal gecheckt zu haben? Letzteres finde ich weitaus wichtiger und schöner. Denn das macht frei und genau, um das geht es. Absolute Freiheit für Ihr Leben, für Sie als Mensch.

Ihr Fazit: ____

Just do it

Das kann ich Ihnen ans Herz legen. Tun Sie es jetzt und nicht morgen oder übermorgen. Es geht Ihnen dadurch besser und Sie fühlen sich von Tag zu Tag freier. Das ist doch der schönste Traum, den man überhaupt träumen kann. Also träumen Sie ihn und leben Sie ihn in der Vollendung.

Was könnte uns noch daran hindern

Wenn es leicht wäre, würden es alle tun, dem ist aber nicht so. Es gibt noch einige Hindernisse, die zu bewältigen sind. Wenn wir diese kennen, haben wir die Chance mit ihnen umgehen zu können, dass Sie uns nicht zur Gefahr werden. Genau darum geht es.

- Wir sind zu faul und bequem
- Wir hegen Zweifel
- Wir bekommen Angst
- Wir haben keine Lust oder keinen Bock
- Wir stellen alles infrage
- Wir geben nach wie vor anderen die Schuld

Wir sind zu faul und bequem

Der Mensch ist per se faul und träge. Das hat etwas mit unserer Schwerkraft zu tun. Diese zieht uns förmlich nach unten und in die Horizontale. Angefangen mit unserem Fötus-Dasein. Damals hatten wir es bequem und gemütlich. Nach der Geburt ging es so weiter. Später haben wir uns mehr bewegt, jedoch eine gewisse Trägheit ist in uns. Denken wir dabei an das morgendliche Aufstehen. Wie schwer fällt uns das? Das heißt, wir müssen uns Tag für Tag überwinden, um in die Gänge zu kommen. Wenn wir etwas in unserem Leben verändern wollen, müssen wir uns intensiver engagieren und einen neuen Drive an den Tag legen.

Wir hegen die Zweifel

Zweifel sind in der Tat die größten Verräter. Das ist eine Katastrophe, was sich da abspielt und unnötig. Leider sind sich die wenigsten Menschen dessen bewusst. Wir leben so, als müsste oft alles, aber wirklich alles infrage gestellt werden. Das ist nicht lebensbejahend, sondern total verrückt. Wir sabotieren und blockieren uns, mit solch einem Verhalten. Aus Zweifel entstehen im Laufe der Zeit Ängste.

Wir bekommen Angst

Angst ist der Schlimmste aller Ratgeber, Angst und das Ende naht. Da müssen Sie vehement dagegen arbeiten, dass sich die Angst nicht in Ihnen manifestieren kann. Sie dürfen ihr keinen Platz lassen. Gehen Sie vehement dagegen an. Angst muss für Sie ein Fremdwort bleiben und Sie gewinnen dadurch. Die meisten Menschen sind dermaßen von Angst gesteuert, dass Sie nichts machen. Wie gelähmt sitzen Sie da und harren der Dinge, die sich da womöglich tun werden.

Wir haben keine Lust oder keinen Bock

Das ist ein interessantes Phänomen, welches sich auftut. In dem Moment, wo man keine Lust verspürt, etwas zu bewegen, wird es wesentlich schwieriger, sein Leben zu gestalten. Ohne Lust, oder wie der Volksmund treffend sagt, ohne Bock tut sich nichts. Das ist traurig, denn das Leben ist in jeder Hinsicht Fülle und niemals das Gegenteil davon. Keinen Bock zu haben, ist Armut in höchster Reinkultur. Hier die Frage an Sie, möchten Sie arm durchs Leben gehen? Ich kann es mir nicht vorstellen. Sie haben doch das Buch gekauft, weil es Sie inspiriert hat, Sie ein Mensch sind, auf der Suche und dadurch bereit in die Veränderung zu gehen.

Wir stellen alles infrage

Das Schlimmste, was man machen kann, ist permanent sein Leben infrage zu stellen. Bitte tun Sie das nie wieder. Das schadet Ihnen mehr, als dass es überhaupt in irgendeiner Form gut tun kann. Eliminieren Sie diesen Prozess hundertprozentig, machen Sie KvP. Das ist sinnvoller und bringt Ihnen weitaus mehr. Es führt Sie in eine andere Dimension hinein. Jedoch alles infrage zu stellen, wirkt zerstörerisch und vernichtend. Genau das tun Sie bitte nie wieder. Streichen Sie es aus Ihrem Leben. Näheres lesen Sie im nächsten Kapitel darüber.

Wir geben nach wie vor anderen die Schuld

Leider gehen wir meist den leichtesten Weg und geben Personen aus unserem Umfeld die Schuld. Sie sind für sich verantwortlich und niemand anderes. Das sollten Sie bei allem was Sie tun, beachten. Es ist sträflich anderen Menschen die Schuld zu geben.

KvP auch für Sie ein Muss

Es gibt wenige Dinge im Leben, die ein Muss bedeuten. KvP gehört dazu, das ist immens wichtig, dass Sie sich intensiv damit beschäftigen. Kein Tag darf vorbeigehen, ohne dass Sie KvP gemacht haben. Es ist zum festen Programm geworden, je schneller Sie damit umgehen, desto leichter geht es Ihnen, um so mehr bekommen Sie geregelt und bewegt.

KvP = Kontinuierlicher Verbesserungs-Prozess

Das gesamte Leben ist ein ständiger Prozess. Werden Sie sich dessen bewusst und stehen Sie dazu. Je schneller Sie dies verstanden haben und in Ihr Leben integrieren, desto besser geht es Ihnen. Dabei handelt es sich um den berühmten „kontinuierlichen" Verbesserungs-Prozess. Das heißt, nicht einmal schnell machen, sondern dran bleiben, und nochmals dran bleiben, ohne zu zweifeln und hadern.

Teilen Sie alle Aktivitäten in Abschnitte ein

Genau das ist die Ausgangsbasis. Wenn Sie alles in kleine Abschnitte einteilen, haben Sie die Chance, dies genau zu analysieren. Sonst bleibt es bei der berühmten Neujahrsgeschichte. Immer an Silvester kommen jede Menge Wünsche auf den Tisch und man fängt an zu hoffen. Ist fest davon überzeugt, dass nächstes Jahr alles anders wird. Das ist fatal und zugleich Blödsinn, denn wie soll sich da überhaupt etwas ändern. Folgende Hemmschuhe liegen uns im Wege.

- Alte Muster und Programme
- Gewohnheiten
- Manifestationen
- Unbelehrbarkeit

Alte Muster und Programme

Das sind schlimme Erfolgsverhinderer. Sie sind uns dermaßen im Wege, dass es kaum ein Entrinnen gibt. Darum ist es dringlich, nicht einmal im Jahr die Veränderungs-Nummer zu schieben, sondern Stunde für Stunde, Tag für Tag, Monat für Monat und Jahr für Jahr. Sogar nach jedem Abschnitt, immer dann, wenn ein neuer Prozess beginnt.

Gewohnheiten

Sie kennen es bestimmt, die üble Macht der Gewohnheiten. Diese sind so stark, dass es unmöglich ist, nahezu jemals herauszukommen. Nun haben Sie eine immens große und wichtige Aufgabe, derart daran zu arbeiten, dass es für Sie eine wunderbare Veränderung gibt. Das Leben ist Veränderung, also verschließen Sie sich diesem Prozess nicht. Seien Sie offen dafür, nehmen Sie ihn an und dann geht es mit großen Schritten an die Umsetzung.

Manifestationen

Prozesse, die sich permanent wiederholen, prägen sich tief in das Unterbewusstsein eines Menschen ein. Man könnte sogar sagen, es frisst sich buchstäblich in unsere Seele. Gebrandmarkt fürs Leben, ist die richtige Bezeichnung hierfür. Kann es das wirklich sein? Bitte nein, stehen Sie auf und wehren Sie sich vehement dagegen, das dürfen Sie niemals so stehen lassen. Manifestationen ja und jederzeit, aber nicht für Sie. Das hat in Ihrem neuen Leben keinen Platz mehr.

Unbelehrbarkeit

Das ist der Oberhammer, zu allem Elend unbelehrbar durchs Leben zu schreiten. Sturheit und Starrheit, ist die Ausgangsbasis bei diesem Teil des Lebens. Wer stur und starr ist, bricht sich leicht das Genick. Möchten Sie das? Ich kann es mir nicht vorstellen. Darum passen Sie gut auf sich auf, lassen Sie es definitiv niemals zu. Streichen Sie es für alle Zeiten aus Ihrem Leben. Das heißt, nicht warten, dass sich die Dinge ändern, sondern alles selbst aktiv in die eigenen Hände nehmen. Sie fühlen sich dadurch viel leistungsfähiger und besser.

Teilen Sie den Tag in verschiedene Projekte ein

Jedes Projekt ist ein Abschnitt und ist es wert, dass Sie sofort KvP machen. Es ist noch frisch und Sie können sofort an die Umsetzung gehen. Wenn Sie zu lange warten, kommt die berühmte Vergesslichkeitquote hinzu. Sie werden sich erst wieder daran erinnern, wenn Sie erneut in dieselbe Falle gelaufen sind. Dann können Sie die alte Nummer von sich ärgern, erneut ablaufen lassen. Damit zerstören Sie in dem Moment Ihre kostbare Gegenwart. So beamen Sie sich durch Ihr Leben. Immer in der Hoffnung lebend, dass Ihr Leben endlich eine Wende nehmen möge, aber das tut es sicherlich nicht.

Gehen Sie stets in die Schriftlichkeit

Das möchte ich Ihnen dringend ans Herz legen. Die meisten versuchen alles, mit sich selbst auszumachen. Das heißt, ein wenig im Kopf nach einer Lösung zu suchen. Gedanken sind aber wie fliegende Fische und schnell unter der Wasseroberfläche verschwunden, in den Tiefen des Ozeans. Das ist fatal, denn dadurch bleibt der gute Gedanke nur einen Augenblick an der Oberfläche. Das dürfen Sie nicht stehen lassen. Folglich, was schwarz auf weiß festgehalten wird, können Sie auch dauerhaft und unverzüglich in Ihrem Leben ändern.

Nehmen Sie folgende Einteilungen vor

Der Prozess lautet, Einteilung in vier dringliche Bereiche. Wichtig ist für Sie und Ihren Geist, dass die Dinge sofort und zügig durchgezogen werden. Hier die optimalste Einteilung

- **Miserabel** daraus machen Sie ein **„Gut"**
- **Gut** daraus machen Sie ein **„sehr gut"**

- **Sehr gut** daraus machen Sie ein **„Outstanding“**
- **Outstanding** das halten Sie im **„Outstanding-Bereich“**

Sie werden aber nur dann zum Erfolg gelangen, wenn Sie ständig dran bleiben. Mal ein wenig tun und dann wieder nicht, da ist es für den gesamten Aufwand zu schade und es endet in der Zeitverschwendung. Können und wollen Sie sich das überhaupt nochmals leisten? Ich glaube nicht, denn das ist sicherlich nicht für Sie zufriedenstellend.

Der Mensch fürchtet Liebesentzug

Der Mensch ist einfach aufgebaut. Alles was Spaß macht, tut er. Was ihm Schmerzen bereitet, versucht er mit allen Mitteln zu vermeiden. Diese Politik ist definitiv ungesund und langfristig sogar schädlich. Da gilt es für Sie, entschieden zu sich zu stehen und auch dagegen zu halten. Das dürfen Sie niemals einreißen lassen. Aufstehen und dann klar, konkret, messbar und unmissverständlich dagegen halten.

Leider ist Strafe das probate Mittel

So wurden wir in der Regel erzogen. Aber um welchen Preis? Dieser ist hoch und je nachdem wo Sie aufgewachsen sind, fatal und tief in Ihr Leben eingreifend. Das ist nicht gut, und wenn Sie nicht aufpassen, wird Sie dies ein Leben lang verfolgen.

Fehler gleich Strafe oder sogar Liebesentzug

Bei allen Fehlern wird man bestraft. Die Eltern haben uns derart erzogen, die Schule hat es uns beigebracht. In Partnerschaften wird oft mit Liebesentzug gedroht, wenn die Dinge nicht nach den Vorstellungen des Partners ablaufen. Deswegen gehen wir aufgescheucht und eingeschüchtert durchs Leben und hoffen, dass es uns nicht treffen möge. Wir versuchen uns oft durchs Leben zu mogeln. Der Preis hierfür ist immens hoch und den sollten Sie nie mehr bereit sein zu zahlen. Canceln Sie es für immer, das darf nie wieder ein Teil Ihres Lebens sein.

Sie sind nicht auf die anderen angewiesen

Sagen Sie sich das permanent, machen Sie sich stark, dass Sie aus dieser Falle wirklich herauskommen. Wenn Sie darin verharren, ist das grausam und zugleich lebensvernichtend. Also heißt es, nehmen Sie Abschied davon. Lieben Sie Ihre Mitmenschen, jedoch nicht bis zur Selbstaufgabe. In dem Moment, wo Sie genau wissen was Sie wollen und was nicht, geht es Ihnen besser. Sie halten dadurch Ihr Leben in den eigenen Händen. Gibt es etwas Schöneres? Ich kann es mir nicht vorstellen, denn sich selbst zu leben, ist die absolute Krönung.

Geben Sie sich die Liebe

Wenn Sie das fertigbringen, dass Sie sich endlich selbst lieben ohne „Wenn und Aber" haben Sie das Größte erreicht, was ein Mensch erreichen kann. Frei zu sein, von den anderen. Sonst ist es grausam, sich der Launenhaftigkeit von anderen zu unterstellen. Sind diese gut drauf, geht es Ihnen gut. Sind diese schlecht drauf, reagieren Sie auch darauf.

Seien Sie endlich Ihr eigener Lebensmeister

Ein Lebensmeister meistert buchstäblich sein Leben und das ist die Krönung des menschlichen Daseins. Das eigene Leben im Griff zu haben, ich kenne nichts Äquivalentes. Sein Leben zu meistern, ist ein Traum. Es derart zu leben, dass es einem gut geht, ist wundervoll und genial.

Das Leben ist kein Zufall, es will gemeistert sein

Wie es der Name ausdrückt, ist im gemeistert sein, der Meister vergraben und um das geht es in erster Linie. Wie ein Meister durchs Leben zu wandeln und nicht wie ein Verlierer. Das ist das Schlimmste, was Sie sich antun können.

Ein Meister ist jemand, der sich nicht erschüttern lässt

Darüber sollten Sie sich im Klaren sein. Erschütternd und bei der kleinsten Störung gleich in Panik zu verfallen, ist verrückt. Das ist, wie wenn man sich selbst ins Bein schießt, dies macht man definitiv nicht.

Es gibt Störungen noch und nöcher

Das ist ein normaler Ablauf des menschlichen Lebens. Es gibt keinen geraden Weg und wer auf diesen wartet, hat im Vorfeld verloren, möchten Sie das? Ich kann es mir nicht vorstellen. Das ist fatal, wenn man solch eine Einstellung sein eigen nennt. Sollten Sie einen Hauch in sich tragen, canceln Sie es für alle ewigen Zeiten aus Ihrem Dasein. Aus und vorbei, nie, aber auch nie wieder darf es im geringsten Ihr Leben berühren.

Sie haben schon unendlich viel gemeistert

Mal mit mehr und mal mit weniger Bravour. Aber Sie haben es getan und darauf kommt es an. Das sind die wichtigsten Fakten für Sie. Genau das können Sie auch in Zukunft machen. Schreiben Sie nachfolgend auf, was Sie in Ihrem Leben gemeistert haben. Vielleicht fragen Sie sich, was diese Aufgabe soll? Schlicht und einfach Ihnen helfen, dass Sie einen Überblick und eine weitaus bessere Meinung von sich haben. Es hilft Ihnen auch, standfester zu sein und ein wesentlich höheres Durchhaltevermögen an den Tag zu legen. Das sind die wichtigen Fakten, die Sie dringend benötigen. Halten Sie nachfolgend Ihre zehn Punkte fest.

Was haben Sie gemeistert?	Wie?	Wann?
1.) ______	______	______
2.) ______	______	______
3.) ______	______	______
4.) ______	______	______
5.) ______	______	______
6.) ______	______	______
7.) ______	______	______
8.) ______	______	______
9.) ______	______	______
10.) ______	______	______

Fühlen Sie sich super und begeistert? Vielleicht sind Sie erstaunt, was Sie alles in Ihrem Leben bewegt haben. Unglaublich, wenn man es schwarz auf weiß sieht. Das Problem ist permanent das Gleiche, wir überschätzen total, was wir in kurzer Zeit bewegen können und im gleichen Atemzug unterschätzen wir es, was alles passiert, wenn wir dranbleiben. Ich bin begeistert, wie viel Wegstrecke man hinter sich legen kann und das mit Erfolg. Welches Durchhaltevermögen da an den Tag gelegt wird. Entscheidend ist, dass man ein anderes Bewusstsein an den Tag legt. Nun reduzieren Sie es auf Ihre drei stärksten Bereiche.

Was haben Sie gemeistert?   Wie?   Wann?

1.) ____________________ ________________ ____________

2.) ____________________ ________________ ____________

3.) ____________________ ________________ ____________

Baut es Sie auf? Kommt ein unbeschreibliches Glücksgefühl hoch? Spüren Sie in Ihrem Inneren, dass sich etwas verändert hat? Ich hoffe sehr, denn jede Form von Meisterung gibt einem ein neues Stück Lebensqualität. Je höher das eigene Leben einzuschätzen ist, desto besser geht es Ihnen und um so mehr Kraft besitzen Sie. Wichtig ist, immer mit einem großen Bewusstsein, die Dinge anzugehen und zum Erfolg zu führen. Nachfolgend reduzieren Sie es auf Ihr größtes Meisterwerk.

Was haben Sie gemeistert?   Wie?   Wann?

1.) ____________________ ________________ ____________

Ihr riesengroßes Hauptmeisterwerk, welch ein traumhaftes Wort hier zum Tragen kommt, darüber sollten Sie sich im Klaren sein.

Sie sind die Einmaligkeit in Person und daran sollten Sie unbedingt festhalten.

Seien Sie unendlich stolz auf sich

Gehen Sie sorgsam und liebevoll mit sich um. Voller Liebe, denn daraus entsteht weitere Liebe. Genau das, was Sie und letztlich die Menschen dringend benötigen. Es zu erkennen und dann zu leben, ist ein Traum. Sie höchstpersönlich können es Tag für Tag inszenieren, haben es in Ihrer Hand.

Ihr Fazit: ____

Es ist ja nur Ihr Leben

Finden Sie das frech? Nein, wieso denn, es entspricht nur der Wahrheit. Es ist Ihr Leben, es geht um das wenige Leben von Ihnen. Sie haben alle Chancen oder keine, Sie alleine entscheiden. Ich wiederhole mich, es ist super, diese Erkenntnis sich zu eigen zu machen und nie wieder davon abzurücken.

Was ist Ihr Leben

Es ist eine aneinander Reihung von Stunden, Tagen, Monaten und Jahren. Die Zeit läuft mit Startbeginn Geburt und endet mit dem Tode. Wann dieser eintreffen wird, wissen wir zum guten Glück nicht. So sehe ich das, manch einer meint, es wäre gut, wenn man den Tod voraussehen könnte, da bin ich mir aber nicht sicher.

Frage ist, was machen Sie aus Ihrem persönlichen Zeitfaktor

Ihrer Zeit und Ihrem Leben? Was bewerkstelligen Sie damit? Wo geht es mit Ihnen hin? Was ist für Sie elementar und was unwichtig? Tausende von Fragen, die auftauchen und die es zu beantworten gilt. Ich kann Ihnen nur ans Herz legen, leben Sie, leben Sie wirklich Ihr Leben.

Leben Sie um jeden Preis

Bitte tun Sie es, jetzt und für alle Zeiten. Seien Sie bereit, den Preis des Lebens zu bezahlen. Es hat seinen Preis, sein Leben zu leben. Es mag sich für Sie vielleicht komisch anmuten. Ich freue mich auf alle Fälle, dass Sie das Buch bis hierher gelesen haben. Das ist klasse und es zeigt auf, dass Sie verstanden haben, um was es geht, um Ihr Leben.

Ihr Leben, das wertvollste Geschenk

Ich hoffe sehr, Sie erkennen den Wert Ihres Lebens und gehen mit ihm so um, wie man dies mit einem wertvollen Schatz tut. Diesen hegt und pflegt man. Seien sie sich stündlich bewusst, was gerade passiert und wie Sie es steuern können, um ein glückliches und wundervolles Leben zu leben.

Wie geht man mit einem Geschenk um

Man schätzt es von Herzen, ist achtsam und dankbar. Leider sehen die meisten alles als selbstverständlich an. Nichts ist selbstverständlich, das sollte man nicht außer Acht lassen. Leben Sie, ja leben Sie jeden Tag aufs Neue. Dazu gehört, dass Sie genau sagen was Sie wollen und was nie wieder. Dadurch gewinnen Sie viel Freiheit, wobei hier Ihre innere Freiheit gemeint ist.

Was haben Sie für sich gelernt

Hier geht es nicht um die Variante, was gut wäre. Das interessiert in keinster Art und Weise. Es geht ausschließlich um Sie. Ohne Lernprozess gibt es keinen Fortschritt. In dem Wort Fortschritt ist fort und dies in Schritten, enthalten. Viele verharren lieber in der Passivität und denken, es wird schon werden.

Wie laufen die einzelnen Lernschritte ab

Es ist wie alles im Leben ein Prozess, der sich auftut. Prozesse benötigen immer Zeit und gehen niemals über Nacht. Ein Schritt nach dem anderen, permanent aufs Neue. Je mehr Sie dran bleiben, desto stärker wird es zum berühmten Gewohnheitseffekt. Es wird zu einem Teil von Ihnen. Hier die einzelnen Prozessschritte.

1. Sie spüren ein Unbehagen
2. Sie suchen
3. Sie nehmen neue Informationen auf
4. Sie probieren es aus
5. Sie zweifeln
6. Sie bekommen Angst
7. Sie warten
8. Der Schmerz und die Unzufriedenheit kehren zurück
9. Entweder Sie begraben es oder fangen wieder an
10. Sie sammeln erste Erfahrungen
11. Sie stellen erneut alles infrage
12. Sie fangen an sich zu freuen
13. Sie machen weiter
14. Plötzlich läuft es und ist ein Teil von Ihnen

Sie spüren ein Unbehagen

Das ist stets der erste Schritt. Es ist letztlich das, was Sie dazu bewogen hat, dieses Buch zu kaufen. Eine gewisse Unzufriedenheit, manchmal sogar Frust. Sie merkten immer stärker, dass das nicht Ihr Leben sein kann. Das ist gut so, denn das Leben ist Fülle und nochmals Fülle. Es gibt nur zwei Chancen zu lernen, entweder über die Freiwilligkeit oder über den Schmerz. Vielleicht bevorzugen Sie Letzteres, das wäre schade.

Sie suchen

Sie fangen an zu suchen. Je mehr Sie suchen, desto unsicherer sind Sie auf der einen Seite und auf der anderen voller Hoffnung auf das, was sich auftun wird. Es steht bereits in der Bibel geschrieben

„Suchet und ihr werdet finden!"

Ich habe das häufig in meinem Leben erlebt. Manchmal fehlte mir der Mut, das habe ich jedoch erst viel später und natürlich eben im Nachhinein gelernt.

Sie nehmen neue Informationen auf

Bei der Suche werden Sie mit neuen Informationen konfrontiert. Jetzt geht es um die große Aufgabe, das Gute vom weniger Guten unterscheiden zu können. Das ist manchmal sehr spannend, denn vor lauter Bäume, sieht man oft den Wald nicht. Da heißt es absolut cool und souverän bleiben. Mit den Informationen geht man in die berühmte Schriftlichkeit. Erst wenn wir es schwarz auf weiß haben, können wir optimal arbeiten und die berühmte Spreu vom Weizen trennen. Wobei Ihre Zensur niemals dogmatisch sein darf. Denn dies ist das Gegenteil von dem, was man erreichen möchte.

Sie probieren es aus

Dann kommt in allen Variationen die nächste Stufe des Testens. Wie fühlt sich das an? Wie gehe ich damit um? Kann ich damit leben, oder muss etwas anderes her? Fragen über Fragen, die auftauchen. Es ist aber wichtig, dass man es ausprobiert.

Sie zweifeln

Die nächste Stufe ist die des Zweifelns. Das ist der Bereich, welcher zum Tragen kommt. Fast alle Menschen fangen an zu zweifeln und das ist in der Regel der Anfang vom Ende. Es ist unendlich schade, dass man derart schnell in diese Falle läuft. Folglich sorgen Sie unbedingt dafür, dass Sie sich, wenn überhaupt, nur kurz in dieser Phase halten.

Sie bekommen Angst

Angst vor dem eigenen Mut, weiter zu machen. Angst, vor der Zukunft, vor dem Leben. Angst, wie es weiter geht, Angst, zu versagen, Angst, von der Bildfläche zu verschwinden. Der Ängste gibt es genug, dies ist das Schlimmste, was einem passieren kann. Da müssen Sie dagegen halten, Sie dürfen niemals die Angst aufkommen lassen. Gehen Sie sofort gegen diese an.

Sie warten

Die nächste Stufe ist die des Wartens. Warten, als das nächste Mittel der Wahl. Vor lauter Angst wird man wie gelähmt und harrt der Dinge, die da kommen werden. Nur aus dem Warten heraus, tut sich nichts. Bevor Sie nichts tun, tun Sie wenigstens etwas. Das kann ich Ihnen auf Ihren Lebensweg mitgeben. Es ist dringlich, dass Sie schnell ins Agieren kommen und definitiv weg vom Reagieren. Denn bei Letzterem sind Sie schlecht beraten.

Der Schmerz und die Unzufriedenheit kommen zurück

Jetzt beginnt langsam aber sicher Ihr Teufelskreis. Sie sind angetreten eine Veränderung einzuleiten, welche lautet „Sage endlich, was du willst!" Dann sind die einzelnen Abschnitte eingetreten. Sie haben vor Angst halt gemacht. Hinzu kommt, dass die Mitmenschen nicht bereit sind, Ihre Veränderung anzunehmen. Im Gegenteil, diese heizen Ihnen zusätzlich ein. Derart gejagt und gepeinigt, treten schnell Verlustängste auf. Wenn es dann noch heißt „Wenn du so weiter machst wie bisher, werden sich unsere Wege trennen!“ Oder ähnliche Drohungen, dann ist es natürlich ein Horror, welcher sich für Sie auftut. Auf der einen Seite möchten Sie nie mehr der Spielball oder sogar der Depp der anderen Menschen sein. Auf der anderen Seite haben Sie Angst und fürchten sich vor den Konsequenzen, die solch ein Verhalten mit sich bringt. In diesem Dilemma bewegen Sie sich und das ist grauenvoll.

Entweder Sie begraben es oder fangen wieder an

Sie haben nur diese zwei Möglichkeiten. Mehr gibt es nicht und das sollte Ihnen bewusst sein. Halbschwanger durchs Leben zu gehen, würde Sie zerstören und das möchten Sie bestimmt nicht. Zumal das auf subtile Art und Weise vonstatten geht. Sie müssen und das ist eines der wenigen Male in Ihrem Leben, wo Sie wirklich müssen, eine Wahl treffen. Gehen Sie es mit Begeisterung an und reißen Sie buchstäblich die Brücken hinter sich ab. Sie gelangen dadurch in eine völlig neue Freiheit. Dieses Mal mit einem tieferen Bewusstsein, als jemals zuvor. Oder Sie begraben endlich den Wunsch Ihrer Freiheit und immer das zu sagen, was Sie wollen, mehr Möglichkeiten gibt es nicht.

Sie sammeln erste Erfahrungen

Wenn Sie weiter machen, dann sammeln Sie neue Erfahrungen. Diese bauen Sie Stück für Stück aus. Sie verfolgen den Weg der absoluten Freiheit. Sie lassen sich von niemandem und nicht einmal von sich selbst beirren. Wenn Sie das schaffen, haben Sie gewonnen. Das ist das wichtigste Merkmal, welches Sie sich zu eigen machen können. Machen Sie weiter, desto größer wird Ihr Erfahrungsschatz. Sie werden zu einem Meister Ihres selbstbestimmten Lebens.

Sie stellen erneut alles infrage

Dann geht es von vorne los. Sie fangen erneut an, alles infrage zu stellen. Sie überprüfen, ob es richtig ist, was Sie tun? Ob es nicht noch andere Wege und Möglichkeiten gibt. So ist der Mensch aufgebaut, immer alles infrage zu stellen. Dazu kommt die Macht der Gewohnheiten, in diese fällt man ruckzuck zurück. Bevor man sich umschaut, ist man bereits in dem alten Dilemma drin. Das ist selbstverständlich, denn das, was jahrelang Substanz hatte, kann man nicht in wenigen Momenten auslöschen.

Sie fangen an sich zu freuen

Nachdem Sie diesen Tiefpunkt überwunden haben, kommt langsam die Freude zurück. Die Freude an Ihrem Leben, Ihrem Dasein, an Ihrem Können und den unendlich vielen Möglichkeiten, die es auf dieser Erde gibt. Das ist gigantisch und traumhaft, wenn man imstande ist, es entsprechend für sich zu nutzen.

Sie machen weiter

Es ist die einzige und lang anhaltende Chance, welche Sie überhaupt haben, weiter zu machen. Ohne nach rechts und links zu schauen. Nur wer in Bewegung bleibt, gewinnt. Alle anderen verlieren und das ist traurig, sich zu den Verlierern zählen zu dürfen oder eines Tages zu müssen. Denken Sie stets daran

„Ein Gewinner gibt nie, nie, nie, niemals auf!"

Wenn Sie sich diesen Satz tief einprägen, liegen Sie buchstäblich goldrichtig. Dann kann Ihnen nie mehr etwas passieren. Aber Sie müssen es annehmen und auch konsequent dran bleiben.

Plötzlich läuft es und ist ein Teil von Ihnen

Das ist der schönste Moment in Ihrem Leben. Wenn es läuft und für Sie so wird, als wäre es schon immer so gewesen. Ein fester Bestandteil Ihres Daseins. Welch wunderbare Chance und Errungenschaft sich da für Sie auftut.

Wie lange dauert dieser Prozess

Ich werde häufig gefragt, wie lange solch ein Prozess dauert? Eines der schlimmsten Dinge, die den Menschen betreffen, ist die Ungeduld. Alles soll schnell vonstattengehen, sich erledigen, ohne Mühe geschehen. Das gehört ins Reich der Märchen.

Jeder Prozess hat seinen Zeitfaktor

Schauen wir uns die Prozesse gemeinsam an. Dadurch erhalten Sie ein Gefühl dafür und können es abschätzen, wie es Ihnen damit geht. Wenn Sie erstmals das Prozedere einer Entwicklung verstanden haben, sind Sie weit gekommen. Hier die einzelnen Stufen, welche Sie durchlaufen haben.

1. Bis zur Geburt
2. Bis Sie laufen konnten
3. Bis Sie alleine essen konnten
4. Bis Sie sich alleine anziehen konnten
5. Bis Sie das 1x1 und das Alphabet gelernt haben
6. Bis Sie Ihre Lehre oder das Studium absolviert haben
7. Bis Sie Ihr Hobby beherrschten
8. Bis Sie mit Ihrem Partner konform gingen

Bis zur Geburt

Sie erinnern sich noch? Das war eine sehr lange Geschichte, von der Zeugung bis zur Geburt, ganze neun Monate hat es gedauert. Waren Sie da ungeduldig? Sind Sie nervös geworden? Wollten Sie früher auf die Welt kommen? Wohl kaum, Sie haben es mit einer stoischen Ruhe und Gelassenheit auf sich genommen. Sich still verhalten und der Dinge geharrt, die da kommen werden. Eines Tages war es soweit.

Bis Sie laufen konnten
Das ist die nächste wahnsinnige Geschichte oder? Wie lange hat das gedauert? Oder gehörten Sie zu den rühmlichen Ausnahmen, die sofort laufen konnten? Ich kann es mir nicht vorstellen, Sie sind doch Tausende Male hingefallen. Was haben Sie beim ersten Mal gemacht? Ja, was wohl werden Sie sich jetzt sagen? Ich bin aufgestanden und weiter ging es. Richtig und Sie hatten nicht einen einzigen Gedanken daran verschwendet, liegen zu bleiben. Dieses Programm hatten Sie nicht in sich. Sie wussten eines, ich will und ich werde laufen. Dann haben Sie fleißig geübt, Tag für Tag ohne Ende.

Seien Sie froh, dass Sie nicht aufgegeben haben. Denn das ermöglicht Ihnen heute, dass Sie sich ohne Probleme von A nach B bewegen können. Ist das nicht traumhaft? Wenn ich die Menschen das frage, sind sie häufig erstaunt. Denn solche Gedanken machen sich die wenigsten. Man nimmt es als gegeben hin, dass man laufen kann. Dabei ist es keine Selbstverständlichkeit, dies wird einem erst bewusst, wenn man es eines Tages nicht mehr kann.

Bis Sie alleine essen konnten
Wie war es damit? Sie haben sich gleich nach der Geburt an den gedeckten Tisch gesetzt und fleißig gegessen. Natürlich nicht, es hat einige Zeit gedauert, bis Sie ohne Verletzungsgefahr schlussendlich Messer und Gabel in der Hand halten konnten. Mit Stil können Sie heute am Tisch sitzen und essen. Gut, es gibt Ausnahmen, aber in der Regel haut das ohne Probleme hin.

Bis Sie sich alleine anziehen konnten
Viele Jahre haben wir Hilfe benötigt. All diese Dinge werden gerne vergessen und das ist schade. Denn daran können wir lernen und uns messen, dass eben alles seine Zeit braucht. Dazu gibt es die treffende Aussage

„Rom wurde auch nicht an einem Tag erbaut!“

Beherzigen Sie dieses Zitat, es hilft Ihnen schneller und eleganter durchs Leben zu wandeln. Das ist schlicht und einfach ein Traum, sich derart fortzubewegen. In dem Bewusstsein, dass es wird, wenn man dran bleibt.

Bis Sie das 1x1 und das Alphabet konnten
Erinnern Sie sich daran? Bei mir war es grausam, manche Dinge wollten nicht ins Köpfchen rein. Mit den Buchstaben kam ich klar, das liebte ich über alles. Aber diese blöde Rechnerei, hat mir keinen Spaß gemacht. Im Gegenteil, es hat mich sogar gequält. Ich hasste es und um so schwerer fiel es mir. Meine Eltern, die mit mir übten, das endete jedes Mal in einer Katastrophe. Denn ich wollte nicht so wie sie und das Elend war vorprogrammiert. Nun denn, auch das habe ich überstanden. Wenn Sie da auf Ihr Leben schauen, finden Sie mit Sicherheit auch Parallelen.

Bis Sie Ihre Lehre oder Ihr Studium absolviert haben
Was war das für ein langwieriger Prozess. Wenn ich da an mich zurückdenke, es war die reinste Qual, um nicht zu sagen Folter. Ich wollte nicht so, wie der Lehrherr und deswegen hatten wir öfters große Diskrepanzen. Das hat mir früh zur Erkenntnis verholfen, niemals, aber niemals als Angestellter zu arbeiten. Meine Freiheit war mir zu wertvoll. Auch das habe ich überstanden. Wie war es bei Ihnen? Doch ähnlich, es war nicht immer lustig. Sie haben es aber durchgezogen und dies ist schlussendlich das Wichtigste, in dem Reigen.

Bis Sie Ihre Hobbys beherrschten
Wenn Sie manche Hobbys in jungen Jahren angefangen haben, da ging es leichter. Je älter Sie wurden, desto komplexer das Thema. Verbunden mit üben, üben und nochmals üben. Ihr Wunsch war brennend, das Ziel zu erreichen und Sie haben alles daran gesetzt. Auch da haben Sie ein Durchhaltevermögen an den Tag gelegt.

Bis Sie mit Ihrem Partner konform gingen
Oder hat das auf Anhieb, ohne Probleme funktioniert? Ich kann mir das nicht vorstellen. Es hat gedauert und gedauert, ein langer Prozess, bis Sie und Ihr Partner sich so eingerichtet hatten, dass es ohne Probleme funktioniert. Das ist doch wundervoll, wenn man diese Stufe endlich erreicht. Manche erreichen sie leider zeitlebens nicht und das ist schade. Ist doch eine wundervolle Partnerschaft das Höchste, was man erreichen kann.

Wie fühlt es sich für Sie an

Jetzt, wo Sie das alles gelesen haben, wie fühlt es sich für Sie an? Was haben Sie daraus gelernt? Ich hoffe, dass Sie mitnehmen, dass der Zeitfaktor permanent da sein wird. Es ohne, definitiv nicht geht, Sie bei allem viel Geduld an den Tag legen und eine riesige Portion Durchhaltevermögen. Mehr darüber im nächsten Kapitel.

Eisernes Durchhaltevermögen

Ein eisernes Durchhaltevermögen ist gefragt. Denn nur dann schaffen Sie es. Sie werden und haben es ja schon erlebt, schnell fällt man raus und dann heißt es für Sie klar, dass Sie sich wieder zurückholen, sich selbst auf den richtigen Pfad bringen. Permanent eine Kurskorrektur vornehmen, ob Sie Lust haben oder nicht. Das spielt in solchen Momenten keine Rolle, ist vollkommen uninteressant. Es geht nur nach vorne, denn dort spielt die Musik.

Es gibt keinen schnellen Weg

Die meisten Menschen glauben einmal getan, reicht für ewige Zeiten. Das ist ein hausgemachter Gedankenblödsinn und funktioniert auf diese Art und Weise nicht. Da können Sie noch so fromm und glückselig daran glauben und hoffen, alles braucht seine Zeit.

Wie wird eine Kathedrale gebaut

Sie wissen es, mit dem Aushub beginnt die Bauphase. Dann geht es Stein auf Stein, viele Jahre dauert dieser Prozess und eines Tages ist das Bauwerk vollendet. Man sieht es in seiner gesamten Schönheit und niemand denkt daran, wie viel Mühsal dahinter steckte. Wie aufwendig das gesamte Prozedere war. Wie schrecklich teilweise, wie viele Opfer es gekostet hat, man hat aber dennoch weiter gebaut. Es war das Einzige, was man tun konnte und das Resultat steht nun prachtvoll da. Genau so ist es auch mit Ihren Werken.

Wichtig ist Tag für Tag daran zu arbeiten

Nicht ein wenig, sondern höchst aktiv. Stets im vollen Bewusstsein, dass Sie nur dann Ihr Ziel erreichen, wenn Sie entsprechend hinterher sind, Gas geben. Es ist keine Frage von Unlust oder Lust. Es ist und in diesem Falle, ist es ein absolutes Muss, die Dinge zu tun, die zu tun sind, damit Sie am Ende ein Erfolgserlebnis Ihr eigen nennen können. Erfolg zu haben, ist einfach wundervoll und macht so viel Spaß und Freude.

Durchhaltevermögen schafft in der Tat Vermögen

Daran denken leider die wenigsten und sind traurig, wütend und manchmal sogar voller Hass und Neid den Menschen gegenüber, die das Durchhaltevermögen tief verinnerlicht haben. Daraus resultierend, großartige Erfolge aufweisen können, häufig sogar am laufenden Band.

Erfolg und Vermögen kommen nicht von alleine

Lesen Sie sich diesen Satz mehrmals durch. Prägen Sie ihn sich fest ein. Es muss zu Ihrer festen Größe werden, dass Sie es endlich verstehen. Denn nur dann werden Sie gewinnen, wenn Sie all die Dinge tun, die Sie seit Langem tun wollten und dies ohne mit der Wimper zu zucken.

Erfolg ist eine aneinander Reihung von richtigen Maßnahmen

Der Erfolg folgt Ihnen, wenn Sie die richtigen Maßnahmen einleiten und konsequent umsetzen. Punkt für Punkt, und dies permanent. Ohne dabei nach rechts oder links zu schauen. Lassen Sie sich von niemandem mehr in Ihrem Leben beirren, das möchte ich Ihnen ans Herz legen.

Erfolg und Vermögen hat nichts mit Glück zu tun

Denken Sie bitte stets daran, Erfolg und Vermögen heißt, eisern zur Verwirklichung zu schreiten. Jeden Tag aufzustehen und mit Vollgas dran bleiben. Schaffen Sie das? Haben Sie das Zeug dazu? Ganz bestimmt, denn das ist in jedem Menschen verankert. Ist von Geburt an so angelegt, nur die wenigsten Menschen wissen es für sich zu nutzen.

Sie bestimmen Ihren Erfolg

Wussten Sie das? Sie alleine bestimmen ihn und Sie können diesen auch jederzeit vergrößern, verkleinern oder canceln. Der Erfolg liegt buchstäblich in Ihren Händen. Er ist wie Ton, welchen Sie derart formen können, dass es für Sie passt. Es Ihnen dabei gut geht, Sie sich daran erfreuen können.

Auch Sie haben das Anrecht auf Erfolg

Das Leben ist Fülle, das war es schon immer und wird so bleiben. Wichtig ist, dass Sie es anpacken, den Mut haben den Weg, das heißt, Ihren ureigenen Weg zu gehen. Ohne zu zaudern und zu zögern, nach rechts oder nach links zu schauen. Das schafft Ihnen neue und lebensbejahende Freude. Es katapultiert Sie förmlich in eine andere Dimension hinein. Das ist doch wunderbar, und wie es heutzutage treffend heißt, galaktisch.

Fangen Sie jetzt an

Das heißt, Sie haben ja bereits angefangen. Bauen Sie es weiter aus. Angefangen haben Sie damit, dass Sie dieses Buch erworben haben. Das ist der erste und wichtige Schritt. Dann, dass Sie es lesen und alle Aufgaben erledigt haben, dies ist elementar. Denn Sie wissen ja, alte Programme neu zu schreiben, ist teilweise heftig, fast unvorstellbar, Sie schaffen das, mit einer riesen großen Portion Durchhaltevermögen.

Wie laufen Ihre ersten Schritte ab

Wir kommen jetzt zum Ende des Buches und Sie können auf sich stolz und glücklich sein. Sie haben es geschafft, ab sofort geht es an die tägliche Umsetzung. Packen Sie es an und warten Sie bitte nicht auf den günstigen Augenblick, denn den wird es sowieso nicht geben. Genau in diesem Moment, wo Sie die Zeilen lesen, ist der beste Moment überhaupt. Denn jetzt sind Sie mitten in Ihrem Denkprozess, folglich legen Sie los.

Haben Sie schon angefangen

Nein, Sie sind ja noch am Lesen. Notieren Sie unverzüglich Ihre Schritte, auch hier ohne lange zu überlegen.

1.) ____________________

2.) ____________________

3.) ____________________

4.) ____________________

5.) ____________________

6.) ____________________

7.) ____________________

8.) ____________________

9.) ____________________

10.) ____

Haben Sie die einzelnen Schritte ausgefüllt? Oder haben Sie weiter gelesen und die Aufgabe nicht gemacht? Füllen Sie bitte die einzelnen Punkte jetzt aus. Wenn Sie sich noch ein wenig unsicher sind, machen Sie es mit Bleistift, dann können Sie es ausradieren.

Wie fühlt es sich für Sie an? Geht es Ihnen gut, wo Sie genau wissen, was zu tun ist? Ist es aufbauend oder bekommen Sie Angst? Auch das ist ein völlig normaler Prozess, der in einem stattfindet. Überhaupt nicht tragisch, sondern zu akzeptieren, festzuhalten und weiter geht es im Kontext.

Wovor haben Sie Angst

Ich weiß, wir sind das Thema Angst bereits durchgegangen. Jetzt wollen wir diese im Endergebnis nochmals kurz anschauen. Denn von der damaligen Angst und den Befürchtungen zu heute, liegen einige Tage dazwischen und auch ein gewisser Reifeprozess. Notieren Sie diese nachfolgend, wie Sie Ihnen gerade einfallen.

1.) ____

2.) ____

3.) ____

4.) ____

5.) ____

6.) ____

7.) ____

8.) ____

9.) ____

10.) ____

Wenn Sie Ihre Ängste anschauen, welche sind am schlimmsten? Welche sind vernachlässigbar? Oft ist es eine Lappalie, wir fürchten uns vor vielen Dingen und nur die wenigsten treffen überhaupt jemals ein. Hier hilft die Frage „Spielt das in zehn Jahren noch eine Rolle?“ Wissen Sie, was Sie meistens sagen können? Ein klares und deutliches „Nein.“

Welche Schwierigkeiten können auftreten

Auch darüber heißt es sich im Vorfeld zu informieren. Nicht erst warten, bis das Kind in den berühmten Brunnen gefallen ist. Denn dann ist es zu spät. Es heißt für Sie Sorge zu tragen, dass Sie entsprechend gefeit sind. Schreiben Sie alle Schwierigkeiten auf, die eventuell und womöglich auftreten können.

1.) ____

2.) ____

3.) ____

4.) ____

5.) ____

6.) ____

7.) ____

8.) ____

9.) ____

10.) ____

Wie ist es für Sie? Schleicht in Ihnen eine Angst hoch, dass Sie am liebsten nichts mehr machen möchten? Nein, das mag Sie vielleicht ein wenig berühren, jedoch nicht belasten. Sie nehmen es zur Kenntnis und weiter geht es in die nächste Stufe. Das ist der Bereich der Gegenmaßnahmen.

Welche Gegenmaßnahmen haben Sie parat

Völlig glatt und ohne Probleme wird es nicht gehen, denn dazu ist das Leben zu aktiv und komplex. Es werden öfters Stolpersteine auf dem Weg liegen, diese müssen Sie wegräumen. Das wissen Sie doch und deshalb gehen Sie mit Elan vor. Schreiben Sie alle Gegenmaßnahmen auf, die Sie sofort einleiten werden, wenn Schwierigkeiten und Probleme auftreten.

1.) ____

2.) ____

3.) ____

4.) ____

5.) ____

6.) ____

7.) ____

8.) ____

9.) ____

10.) ____

Wie geht es Ihnen? Mir wird es jedes Mal am Anfang etwas komisch ums Herz, wenn ich alles aufgeschrieben habe. Ich fühle Angst in mir und habe Befürchtungen, auf was ich mich da einlasse. Wenn ich dann weiter mache und die Gegenmaßnahmen festhalte, sehe ich aber, dass ich ein Kämpfer bin und auch das schaffe. Sie auch und darum heißt es ab sofort nur noch

„Leinen los!“

Freuen Sie sich auf ein wundervolles Leben, Ihr selbstbestimmtes Dasein hier auf der Erde. Dass Sie das bekommen, was Sie wollen.

Abschlusswort

Lieber Leser,

es ist für mich ein großer Moment, wenn ich ein weiteres Buchwerk fertiggestellt habe. Wobei zu Ende, der falsche Ausdruck ist, denn jetzt geht es erst richtig los. Lektorieren und nochmals Lektorieren, Überprüfung des Satzes und viele weitere Schritte.

Dann für Sie persönlich, denn ab sofort fängt die eigentliche Entwicklung erst an. Es liegt an Ihnen, in welche Dimension Sie sich hinein katapultieren. Wie viel von dem Gelesenen, Sie für Ihr Leben ändern oder alles beim Alten lassen.

Für mich geht es weiter, in dem ich neue Bücher schreibe. Es gibt noch so viele Themen, wo es mir ein Bedürfnis ist, darüber ein Buch zu veröffentlichen. Für Sie da bin, wenn Sie mich für Coaching, Schulungen, Seminare und so weiter buchen.

Vieles lässt sich in der Umsetzung nicht alleine bewältigen. Da ist Hilfe von außen nötig, diese ist völlig legitim und richtig. So wie Sie bei Zahnschmerzen zum Zahnarzt gehen, bei Steuerproblemen zum Steuerberater, gehen Sie bei diesem Thema zu Ihrem Erfolgscoach, der Ihnen weiter hilft.

Wenn Sie es möchten, sind Sie nicht auf sich selbst gestellt. Hilfe von allen Seiten steht Ihnen zur Verfügung. Dies ist doch ein Traum, wenn man dies erkennt und zu nutzen weiß.

Ich danke Ihnen von Herzen, dass Sie bis zum Schluss mitgemacht haben. Sie hoch konzentriert dabei waren, fleißig gelesen und die Aufgaben alle erledigt haben.

So bleibt mir zum Abschluss nur noch eines übrig, Ihnen für Ihren weiteren Lebensweg viel Kraft und Energie zu wünschen. Wenn ein gemeinsamer Weg zu Ende geht, habe ich immer ein lachendes und ein weinendes Auge. Ein weinendes Auge, weil es zu Ende ist. Es in dieser Art keine Fortsetzung gibt, da das Kapitel abgeschlossen ist. Ein Lachendes, weil ich weiß, dass sich Erfolgreiche wieder sehen.

In diesem Sinne wünsche ich Ihnen von Herzen alles alles Liebe und Gute auf Ihrem weiteren Lebensweg.

Herzlichst

Ihr Ernst Crameri

Meine und unsere Dienstleistungen

Da ich der Meinung bin, dass das Leben spannend und aufregend ist, habe ich mich nie mit einer einzigen Sache begnügt. Ich wollte immer wesentlich mehr tun und haben. Ein Mensch hat unendliche Fähigkeiten, darum gilt die Theorie von „Schuster bleib bei deinen Leisten" schon lange nicht mehr. Vergessen Sie das, und man den erlernten Beruf beibehalten sollte, ist auch ein Ammenmärchen. Das Leben ist vielseitig und spannend, wenn wir etwas daraus machen. Deshalb freue ich mich sehr, Ihnen die verschiedensten Dienstleistungen vorzustellen. Gemeinsam mit meinem Team ist es unser Anliegen, Sie in Ihrer Weiterentwicklung zu unterstützen, Sie zu verwöhnen und dazu beizutragen, dass Sie ein wundervolles Leben auf Erden führen können.

Hier die Dienstleistungen nach alphabetischer Reihenfolge
Wählen Sie aus dem großen Leistungsspektrum und fragen Sie nach den Konditionen. Gerne sind wir für Sie da und beantworten Ihnen alle Fragen, denn glückliche und begeisterte Kunden sind unser Ziel.

- Bücher
- Einzelbehandlungen (Fitness/Wellness/Schönheit)
- Erfolgsproduzent und -coachings
- Events
- Hoteltesting
- Hörbücher
- Mystery X Tests
- Naturkosmetik-Produkte
- Privat-Jet
- Reisen

- Schönheitsfarm
- Seminare
- Vorträge

Bücher schreiben

Sie erhalten von uns Bücher, zu den verschiedensten Themen, rund um das Leben. Ebenso bieten wir Ihnen das Ghostwriting an. Das heißt, wir schreiben mit Ihnen und für Sie Ihr Buch. Ganz wichtig für Unternehmer, denn ein eigenes Buch schafft eine wunderbare Reputation. Wenn Sie ein neues Produkt auf den Markt bringen, ist es ideal, wenn Sie das passende Buch dazu anbieten. Als Fachmann zeigen Sie durch ein eigenes Buch eine hohe soziale Kompetenz.

Unsere Kunden, die sich von der Masse der Mitbewerber abheben wollen und damit einen anderen Nimbus erhalten. **Ärzte,** die ihre spezielle Behandlung publizieren. **Hotels,** die über ihr Haus mit besonderen Eigenheiten berichten. **IT-Firmen,** die etwas Neues entwickelt haben, weitere Firmen, quer durch alle Branchen und natürlich Privatpersonen.

Wieso Ernst Crameri: Weil er zurzeit bereits 63 Bücher geschrieben hat und weitere folgen. Weil er weiß, wie es in der Branche abgeht, welche besonderen Kenntnisse erforderlich sind, ein Buch zu schreiben und zum Erfolg zu bringen.

Einzelbehandlungen (Fitness/Wellness/Schönheit)

Wir leben nur ein Mal und unseren Körper nennt man auch den Tempel, in dem die Seele und der Geist wohnt. Damit der Organismus lange auf einem hohen Level funktioniert, ist es dringlich, dass wir ihn pflegen, für ihn da sind. Bei uns erhalten Sie Behandlungen von Kopf bis Fuß. Von intensiver Massage, über fernöstliche Behandlungen und den verschiedensten Spezialanwendungen. Näheres auf der Webseite www.wellness-einzelbehandlungen.de.

Unsere Kunden sind Menschen, die mehr für sich tun wollen. Den Zeitgeist klar erkannt haben, wie wichtig es ist, dass man sich behandeln und pflegen lässt. Vom jungen Menschen, bis hin ins höchste Alter hinein. Männer wie Frauen, die sich verwöhnen lassen.

Wieso Ernst Crameri: Weil er aufgrund der 39-jährigen Erfahrung einen riesigen Fundus an Wissen und Können mitbringt. Durch die Hotelberatungen und -tests weiß er auch, wie es läuft. Ein qualifiziertes Team an Behandlern wartet auf Sie.

Erfolgsproduzent – und coachings

Als Erfolgreicher ist eines wichtig, das Erfolgswissen weiter zu vermitteln und anderen Menschen zu helfen, zum Erfolg zu gelangen. Das ist in jeder Hinsicht eine wundervolle Aufgabe. Es gibt verschiedene Arten von Coachings, einmal vor Ort in den Firmen, dann am Telefon. Es geht mit täglichen und wöchentlichen Coachings los. Wenn eine Veränderung stattfinden soll, ist es dringlich, dass man dran bleibt. Denn die alten Gewohnheiten lassen sich nicht über Nacht über Bord werfen. Es ist stets ein längerer Prozess, ein Reifeprozess, der da stattfindet.

Wer sind die Kunden, von kleinen Kindern bis hin ins höchste Alter. Es sind einerseits Menschen, die die stärkende und beschleunigende Funktion des Coachings für ihre Entwicklung nutzen möchten oder Menschen, die Grundlegendes in ihrem Leben verändern möchten. Für die es so, wie bisher nicht mehr weiter gehen kann. Wichtig dabei ist der klare, eiserne Wille zur Veränderung. Von Einzelpersonen aus allen Schichten und Berufszweigen, bis hin zu großen Firmen.

Wieso Ernst Crameri: Weil er weiß, wie man aus Menschen Spitzenleistungen rausholt, diese mit einem Lachen und dennoch der nötigen Ernsthaftigkeit zum Erfolg führt. Erfolg ist kein Zufall, sondern planbar.

Events

Wir organisieren große Events, für die verschiedensten Veranstalter. Dabei übernehmen wir die komplette Dienstleistung der Lokationssuche, bis hin zum Catering und kompletten Handling, damit die Veranstaltung reibungslos abläuft. Unsere Erfahrung beruht auf der Organisation von vielen eigenen, wie auch Kunden-Events in der gesamten Welt. Viele Firmen vertrauen uns und lassen für ihre besten Mitarbeiter Incentives ausrichten.

Wer sind unsere Kunden, Firmen und Seminarveranstalter, die das Handling einem Profi überlassen. Genauso wie Einzelpersonen, die ein außergewöhnliches Fest, wie zum Beispiel Hochzeit, Geburtstag oder sonstige Festivitäten ausrichten.

Wieso Ernst Crameri: Events zu organisieren erfordert einen riesigen logistischen Aufwand, es sind viele Parameter, die zusammen spielen, damit es reibungslos über die Bühne geht. Ein qualifiziertes Team steht Ihnen mit Ernst Crameri während der Veranstaltung vor Ort zur Verfügung und managt den gesamten Ablauf.

Hotel- und Schiffstesting

Es gibt viele Hotels und auch Schiffe, die leider manchmal noch nicht ihre Performance erreicht haben. Sehr oft stimmt die Hardware komplett, jedoch die Software passt nicht. Beim Team, angefangen von der Direktion bis hin in die einzelnen Abteilungen, da klemmt es oft.

Wer sind unsere Kunden, von kleinen Hotels und Schiffen, bis hin zu großen Hotelketten und Reedereien. Alle Dienstleister, die bereit sind, eine höhere Wertschätzung den Kunden, den Gästen gegenüber aufzubringen und das Gast-Dasein auch entsprechend zelebrieren.

Wieso Ernst Crameri: Weil er 80% seiner Zeit on the way ist und dies fast immer in Hotels. Das hat ihn dazu bewogen, das Buch „Servicewüste Hotels" vollgepackt mit Tipps und Know-how.

Hörbücher

Hörbücher als wunderbares Instrument, für die Fort- und Weiterbildung. Ideal beim Autofahren, als sogenannte rollende Universität, um neues Wissen zu erlangen. Ebenso beim Sport und auch im Alltag einsetzbar.

Wer sind die Kunden, von der Einzelperson bis hin zu Firmen, die für ihre Mitarbeiter die Hörbücher bestellen und verschenken. Oder sogar als Pflichtprogramm für das eigene Team einsetzen. Nur wer permanent trainiert, hat Erfolg.

Wieso Ernst Crameri: Weil er mit seiner Sprache voller Begeisterung, die Leute motivieren kann. Die Sprache und Ausdrucksweise muss fesselnd sein und die Zuhörer begeistern. Es muss im Gegenüber etwas ausgelöst werden. Ein sich Wiederfinden, um in die Umsetzung zu gelangen. Umso hilfreicher, wenn es in einer Sprache geschieht, die den Menschen eigen ist, keine hochakademischen Worthülsen, sondern Kommunikation auf Augenhöhe.

Mystery X Tests

Als Kunde in Geschäfte gehen und einkaufen, den Service, die komplette Dienstleistung zu überprüfen, um nachher die positiven wie negativen Seiten mit der Geschäftsleitung und dem Team zu analysieren. Danach in die Veränderung zu gehen, durch Training vor Ort.

Wer sind die Kunden, jeder der ein Geschäft hat und auf Servicequalität und Kundenzufriedenheit großen Wert legt. Denn die heutige Konkurrenzsituation ist riesig, wenn ein Kunde nicht zufrieden ist, geht er gleich. Dies gilt es zu vermeiden, und für die Kunden stets die allerbeste Leistung zu bieten.

Wieso Ernst Crameri: Weil er die Zusammenhänge schnell erkennt und die Firmen wieder in den positiven Mehrwertbereich für die Kunden führt. Jede Firma hat sogenannte Leichen im Keller, aber auch Goldadern. Erstere gilt es zu eliminieren und die Goldadern zu bergen, um Erfolg auf der ganzen Linie zu haben.

Naturkosmetik-Produkte

Herstellung und Vertrieb der eigenen Crameri-Naturkosmetik-Produktelinie, seit über 27 Jahren. Kein riesiges Sortiment, sondern ein straffes und hochkarätiges, für jeden Hauttyp. Spannend auch als White-Labeling, die Produkte erhalten das Etikett des Kunden und sind somit seine eigene Produktlinie.

Wer sind die Kunden, der Endverbraucher, welcher jeden Monat die Produkte für den persönlichen Bedarf bezieht. Schönheitsfarmen, Kosmetikstudios, Friseure, Masseure, Physiotherapeuten, Farb- und Stilberaterinnen, Fußpfleger, Fachgeschäfte und Hotels beziehen die Produkte. Bei White-Labeling handelt es sich um dieselben Kunden.

Wieso Ernst Crameri: Weil die Firma Crameri-Naturkosmetik GmbH seit 39 Jahren erfolgreich auf dem Markt ist, und Sie in ihr eien zuverlässigen Partner haben. Von der Produktion bis hin zur Vermarktung.

Privat-Jet

Ein absoluter Traum, in den Privat-Jet einzusteigen und dies ohne lange Kontrollen und Warten. Die Maschine steht bereit, die Triebwerke angemacht, Sie fahren an und wenige Minuten später befindet sich der Jet bereits in der Luft. Schneller und bequemer geht es nicht.

Wer sind die Kunden, Einzelpersonen, die schnell von A nach B müssen. Skiflüge nach St Moritz, zum Autorennen nach Monte Carlo, nach Sylt und weitere spannende Flüge. Firmen, die ihre besten

Kunden oder Mitarbeiter zu einem Incentive einladen. Auch Privatpersonen, die das Besondere lieben.

Wieso Ernst Crameri: Weil die Firma seit über 29 Jahren in diesem Metier vertreten ist. Ernst Crameri ist in der Regel stets persönlich dabei und betreut die Gäste vor Ort.

Reisen

In die gesamte Welt, am meisten Kreuzfahrten auf Flussschiffen und auf den Weltmeeren. Mit wunderbaren Rahmenprogrammen, wie besonderen Ausflügen, Vorträgen und Seminaren. Ebenso exklusive 5* Hotels, auf der ganzen Welt.

Wer sind die Kunden, Einzelpersonen, die gerne auf den Events dabei sind und Firmen, die Incentivereisen für ihr Team und ihre Kunden durchführen. Die besondere Belohnung für außergewöhnliche Menschen.

Wieso Ernst Crameri: Weil er die schönsten und besten Schiffe persönlich kennt. Bei den Reisen meistens selbst dabei ist, sodass der direkte Kontakt gegeben ist. Und wenn er nicht dabei ist, gibt es perfekte Betreuung durch sein qualifiziertes Team.

Schönheitsfarm

Naturkosmetik-Schönheitsfarm, mit ganzheitlichen Behandlungen von Kopf bis Fuß. Damit Sie sich richtig schön verwöhnen und die Seele baumeln lassen können.

Wer sind die Kunden, Frauen, die sich etwas Besonderes gönnen und Männer. Diese sind immer stärker auf dem Vormarsch. Einzelpersonen buchen, genauso wie Frauen die ihre beste Freundin oder Mutter mitbringen, bis hin zu Vereinen und Firmen. Männer, die aufs Seminar kommen und die Frauen werden in der Zeit verwöhnt.

Wieso Crameri-Naturkosmetik: Seit 39 Jahren auf diesem Markt und auch in der Ausbildung im Beauty&Wellnessbereich tätig. Ein hoch qualifiziertes Team wartet auf die Gäste.

Seminare

Zum Thema Erfolg und alles, was damit zusammenhängt, ganzheitliche Rhetorik, Erfolgsdenken, Geldseminare, Ausbildungen zum Beauty&Wellness-Spezialisten, Erfolg im Internet, Social Media und vieles mehr.

Wer sind die Kunden, Einzelpersonen, die sich fort- und weiterbilden möchten. Firmen, die ihr Team zum Training und zur Ausbildung schicken.

Wieso Ernst Crameri: Durch Tausende von Schulungen und Seminaren, Top im Training und stets auf dem Laufenden. Ferner Mitglied bei der GSA, German Speakers Assoziation. Mit großer Leidenschaft und Begeisterung auf vielen Veranstaltungen dabei.

Vorträge

Spannende und fesselnde Vorträge vor kleinem und großem Publikum. Vorträge zu den verschiedensten Themen rund um das Thema Erfolg, Durchhaltevermögen, Zielsetzung, Lebenswerke und zum kompletten Persönlichkeits-Thema.

Wer sind die Kunden, Organisationen, die ihn engagieren, Verbände, Vereine und Firmen. All jene, die Idee, Gedanken, Innovationen zulassen und die Veränderung im heutigen Zeitalter bewirken möchten. Die den Weg schaffen wollen, in eine Welt des Erfolges. Ebenso offene Seminare, die von Ernst Crameri direkt durchgeführt werden.

Wieso Ernst Crameri: Durch die brillante Sprache und Ausdrucksweise, ein fesselnder Redner, welcher das Publikum begeistert. Sein Schweizer Akzent und Humor begeistert die Zuhörer im In- und Ausland. Vorträge in Rätoromanisch, Italienisch, Französisch, Hochdeutsch und Schweizer Deutsch.

Bei Fragen wenden Sie sich bitte direkt an

Crameri-Naturkosmetik GmbH
Mannheimerstr. 11b
67098 Bad Dürkheim
Tel. 0049-6322-5734
Fax 0049-6322-66071
E-Mail: Sekretariat info@crameri.de
Geschäftsleitung: gn@crameri.de
Website: www.crameri.de

Ein Auszug aus unseren Werken

Ein Millionär als Traumpartner

ISBN: 978-3-86689-000-8
19,80 € (D)

Fange endlich an zu leben

ISBN: 978-3-86689-001-5
19,80 € (D)

Wahrheit und Klarheit im Kosmetik- und Wellness-Institut

ISBN: 978-3-86689-002-2
19,80 € (D)

Horror - Eingewachsene Zehennägel

ISBN: 978-3-86689-003-9
19,80 € (D)

Gib niemals auf, sei kein Verlierer

ISBN: 978-3-86689-008-4
19,80 € (D)

Bist du ein Mörder?

ISBN: 978-3-86689-004-6
19,80 € (D)

Bist du ein Huhn oder ein Adler

ISBN: 978-3-86689-018-3
19,80 € (D)

Der unendliche Schmerz der Verlassenen

ISBN: 978-3-86689-009-1
19,80 € (D)

Servicewüste Hotels

ISBN: 978-3-86689-010-7
29,80 € (D)

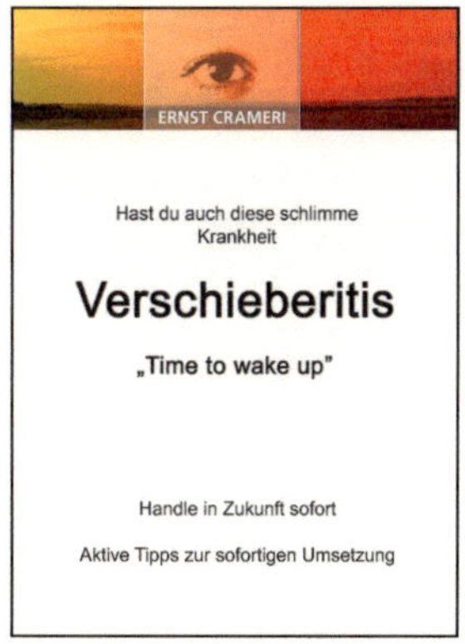

Hast du auch diese schlimme Krankheit – Verschieberitis

ISBN: 978-3-86689-005-3
24,80 € (D)

Wieso hast Du so wenig Durchhaltevermögen

ISBN: 978-3-86689-006-0
19,80 € (D)

Höre endlich auf zu jammern

ISBN: 978-3-86689-022-0
19,80 € (D)

Vita von Ernst Crameri

Ernst Crameri erblickte im Oktober 1959 in St. Moritz (Schweiz) das Licht der Welt. Er wuchs in einem einfachen Elternhaus auf. Als kleines Kind machte er meist das Gegenteil von dem, was von ihm erwartet wurde. Im Kindergarten und der Schule ging es oft rund. Als Heranwachsender machte er jeden Streich mit, und durfte dafür an freien Nachmittagen im Sommer Rasen mähen und im Winter zum Schneeschaufeln auf dem Schulhof antreten.

Sein Traum war, ein Leben im Reichtum. Prägend waren vier Schlüsselerlebnisse. Im Winter wollte er neue Skier und einen Skipass. Sein Vater konnte nicht beides kaufen. Da ging er mittags nach der Schule in ein Kohle/Holzlager. Dort schaufelte er Kohle und stapelte Holz. Dadurch konnte er sich mit 12 Jahren einiges leisten. Dieses Gefühl der Freiheit war für ihn gigantisch. Das zweite Erlebnis war in der Schule, wenn es galt einen 2 bis 3-seitigen Aufsatz zu verfassen. Er fand das super, und so wurden es meist Werke mit über 30 Seiten. Diese Aufsätze wurden vorgelesen und prämiert.

Sein Traum war Koch zu werden und so schickte ihn sein Vater nach Lenzerheide, zu einem Cousin, der einen Hotelbetrieb führte, in die Schnupperlehre. Gleich musste er als Koch einspringen und die Schikanen nahmen täglich zu. Als er das Zimmer mit weiteren Mitarbeitern teilen musste und sein erster Lohn aus dem Zimmer gestohlen wurde, ging es den Berg runter.

Sein Vater war begeistert, dass die Verwandtschaft aus Ernst einen lebensgerechten Menschen formt, ganz nach seinem Geschmack. Die Mutter war den Tränen nahe, als ihr Sohn die Lehre aufgab. Ernst griff zur äußersten Maßnahme und legte sich beim Unterricht mit dem Rektor an. Er flog im hohen Bogen von der Schule und damit war automatisch das Thema Kochausbildung beendet. Dies war das dritte Schlüsselerlebnis.

Danach begann er in St. Moritz in einem Sportgeschäft eine Lehre als Kaufmann. Der zweite Tag, kurz vor Feierabend brachte den Durchbruch. Da kam eine südamerikanische Familie ins Geschäft. (12 Personen) Das Oberhaupt sagte einen einprägsamen Satz „We need only the best“ das kannte er bisher nicht. Nach gut einer Stunde war der Einkauf beendet und Ernst durfte an der Kasse eintippen, da stand die Zahl von CHF 128.000,00. Der Chef fragte ihn „Was schaust du so?“ Er zeigte auf die Kasse und da meinte der Inhaber „Daran wirst du dich gewöhnen!“

Das war für ihn eine neue Welt. Kurz darauf kam der Skilehrer, der die Familie gebracht hatte, ins Geschäft und bekam CHF 12.800,00 für die Vermittlung. In dem Moment war für Ernst klar, dass er den Weg gehen wird. Nach der Lehre verließ er das Sportgeschäft. Im Winter war es klar, den Weg als Skilehrer zu gehen. Die Überbrückung war das Thema, also was tun im Sommer und so arbeitete er eine Zeit lang als Hilfsarbeiter bei einer Dachdeckerei. Es war nicht der Traumjob, er brauchte aber Geld und damit wieder Unabhängigkeit. Der Versuch als Tennislehrer oder Golflehrer tätig zu sein, war von kurzer Dauer. Er heuerte bei einer Baufirma an. Wenige Tage später stellte ihm jemand ein Bein, obwohl niemand in seiner Nähe war und er rutschte den Hang herunter. Notarzt, Intensivstation und Therapie. Er ging ins Hallenbad zur Therapie. Dort freundete er sich mit einem der Therapeuten an und fand Gefallen an dieser Arbeit.

Er ließ sich zum Masseur und Therapeuten ausbilden. Sein Traum war, auch Kosmetiker zu sein. Das war zur damaligen Zeit ein Ding der Unmöglichkeit. Die Schulen wollten von einem Mann nichts wissen. Ergo sprach er mit einer Kosmetikerin und machte mit ihr ein Geschäft, sie bekommt regelmäßig Massagen und bildet ihn dafür zum Kosmetiker aus. Ernst war immer sehr schnell lösungsorientiert.

Im Winter war er als Skilehrer tätig. Morgens vor Skibeginn, fuhr er mit seiner tragbaren Massageliege von Villa zu Villa, von Hotel zu Hotel. Danach den Tag über Skiunterricht und abends wieder Massagen und Kosmetikbehandlungen.

Danach als Discjockey, bis frühmorgens. Kurz ins Bett und dann ging es wieder von vorne los. Im Sommer besuchte er seine Gäste im In- und Ausland. Abgeholt von Privatjets, auf Jachten, in Villen. Da verliebte er sich in die Tochter eines Industrieellen. Das fand der Vater nicht so gut. Einen Tag später musste er die Villa verlassen, das war ein herber Schlag in seinem vermeintlichen Erfolgsleben.

Dadurch verstand er, dass man nur reich ist, wenn man das Geld auch selbst in den Händen hält. Als Masseur, Kosmetiker, Skilehrer und Discjockey hatte er ein vierfaches Einkommen. Entsprach aber nie dem Einkommen seiner Gäste, die ihn als Skilehrer zum Beispiel zum Mittagessen einluden. Das kostete gleich mal CHF 600,00, und wenn er als Skilehrer essen ging, waren es gerade CHF 8,00! CHF 800,00 waren sein Monatslohn, das hat ihn sehr beschäftigt.

Für den Sommer hatte er für Australien einen Vertrag als Austauschskilehrer in der Tasche. In der letzten Woche lernte er eine Frau aus Deutschland kennen, die später seine Ehefrau wurde. Er hat es nicht übers Herz gebracht, wegzufliegen und stornierte den Vertrag. Er pendelte einige Jahre zwischen Deutschland und der Schweiz hin und her. Da er nicht als Angestellter arbeiten wollte, startete er mit der Selbstständigkeit als Masseur/Kosmetiker. Um überhaupt Fuß zu fassen, lief er von Haustüre zu Haustüre und klingelte. Ab und an ließ ihn jemand herein und so baute er sich einen kleinen Kundenstamm auf. Um sich stärker zu etablieren, engagierte er sich als Dozent an der Volkshochschule, beim Hausfrauenbund, bei Vereinen/Verbänden. Dadurch gelangte es ihm schnell, sich einen soliden Kundenstamm aufzubauen.

Später kam ein Haus der Schönheit hinzu, die ersten Schönheitsfarmen, eine eigene Naturkosmetik-Produktelinie. Permanente Fort- und Weiterbildungen im In- und Ausland. Er hat in der Schweiz die Chance erhalten, als Referent und Ausbilder für Gesundheitsberufe tätig zu sein. Das machte ihm viel Spaß vor Menschen zu stehen und sie zu lehren. Immer mehr Coachings kamen dazu, Trainings, Seminare und so baute er verschiedene Geschäftszweige auf. Sein größter Wunsch ist dank ganz viel Fleiß und Durchhaltevermögen in Erfüllung gegangen, für andere Menschen da zu sein und ihnen den Weg des Erfolges zu zeigen. Mit zurzeit über 63 Büchern, circa 200 Seminartagen und unzähligen Coachings ist er für die Menschen da. Sein großes Credo „Es gibt ein Leben vor dem Tod!“